围棋棋经众妙精选精解

（日）林元美　　著

胡丹蔚　解说

马如龙　审定

北方联合出版传媒（集团）股份有限公司

辽宁科学技术出版社

图书在版编目（CIP）数据

围棋棋经众妙精选精解 /（日）林元美著；胡丹蔚解说. —沈阳：辽宁科学技术出版社，2024. 4

ISBN 978-7-5591-3373-1

Ⅰ. ①围… Ⅱ. ①林… ②胡… Ⅲ. ①死活棋（围棋）—习题集 Ⅳ. ①G891.3-44

中国国家版本馆CIP数据核字（2024）第018770号

出版发行：辽宁科学技术出版社
　　　　　（地址：沈阳市和平区十一纬路25号　邮编：110003）
印 刷 者：辽宁新华印务有限公司
经 销 者：各地新华书店
幅面尺寸：170mm×240mm
印　　张：18
字　　数：150千字
印　　数：1~4000
出版时间：2024年4月第1版
印刷时间：2024年4月第1次印刷
责任编辑：于天文
封面设计：潘国文
责任校对：栗　勇

书　　号：ISBN 978-7-5591-3373-1
定　　价：68.00元

联系电话：024-23284740
邮购热线：024-23284502
E-mail:mozi4888@126.com
http://www.lnkj.com.cn

前 言

　　《棋经众妙》与《官子谱》《玄玄棋经》《发阳论》被誉为世界围棋死活四大经典名著，它成书于公元1811年，作者是日本著名围棋手林元美。

　　本书名曰《围棋棋经众妙精选精解》，选取了《棋经众妙》中的部分题目进行讲解，分为活之篇、杀之篇、对杀篇、连断篇、劫之篇，每篇28题，共140题。选题主要原则是去掉原著从《官子谱》《玄玄棋经》《发阳论》中引用的题目，并将白先的题目都改为黑先。

　　为照顾众多的初、中级围棋爱好者，本书有大量的文字解说，较为详细列举了各种变化，从不同角度阐述题意，使读者不仅知其然，而且能知其所以然，以达到举一反三、提高棋力的效果。

　　在本书编写过程中，得到了马如龙职业三段的大力支持，在此表示感谢！

胡丹蔚

2023年10月

目　录

活 之 篇

第 1 题

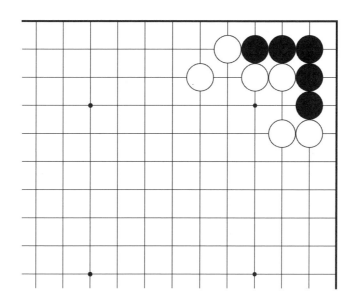

问题图（知其所以然）

黑先，看似非常简单的死活棋，哪怕是初级程度的读者朋友们，能做对的也肯定不会少。

答案是知其然，只是解题的一部分。懂得变化图和失败图，才算真正掌握知识点，即知其所以然。

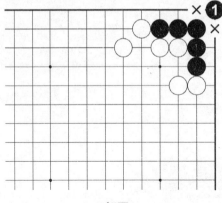

正解图

正解图（左右同形走中间）

黑1是典型的左右同形走中间，控制了两个×处，也就是两只眼所在。

这种活棋方法称为找要点，为何不考虑扩大眼位呢？请务必弄清楚这点，使自己解题收获最大化。

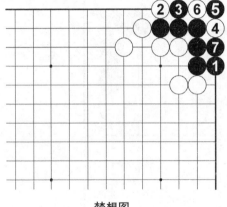

梦想图

梦想图（愉快）

黑1立在右边扩大眼位，制造硬腿后就有愉快的一路冲。黑的设想是白2扳，黑3以下运用胀牯牛技巧成活，同样愉快。

黑方的思维应予以肯定，而计算无法肯定，因为白2另有他法，使黑无法愉快。

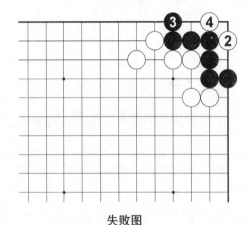

失败图

失败图（盘角曲四）

白2点一·二位，黑3再立左边扩大眼位，白4再占据另外一个一·二位，这是双活吗？

非也非也，乃盘角曲四也，棋谚有云"劫尽棋亡"，局部是死棋。

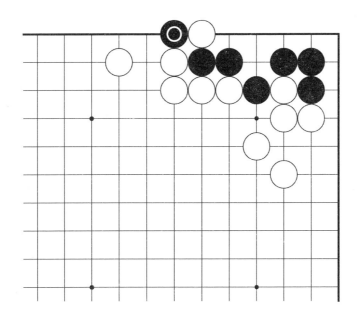

问题图（引人入胜）

黑先，要想活棋，发挥左边一路上黑◎子的作用自不待言。

单论做活，本题平淡无奇；综合考虑，本题引人入胜。

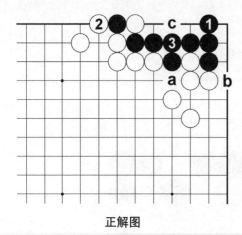

正解图

正解图（中心要点）

黑1占一·二位中心要点，左右各一只眼，清清楚楚。白2提，黑3粘是最佳补法，使白外围变薄，至少a、b两处都是黑的先手权利。

白2如在c位点，被黑粘在3位，白明显损目。

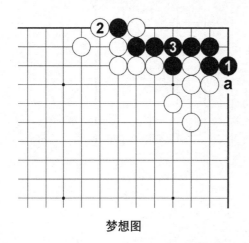

梦想图

梦想图（否定）

黑1立这种扩大眼位的手法，不能被轻易否定。白2如提不变，黑3粘不变，以后黑还有a位冲，不仅目数有利，更使白边上产生薄味。

但白有定形的佳着，从而否定了这种下法。

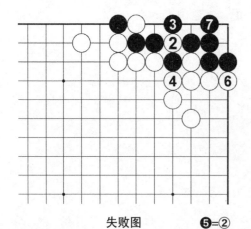

失败图　　❺=②

失败图（雪上加霜）

白2扑、4打是搜刮的巧手，白6得以先手挡，黑7只得做小眼，两眼苦活被打回原形。

左边互提权利各半，和正解图相比，黑不仅亏损2/3目，白外势加厚，更令黑雪上加霜。

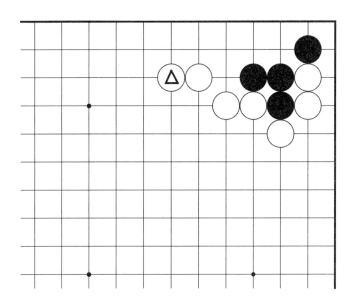

问题图（硬道理）

　　黑先，白⊙子并的位置稍显古怪，要表达的题意是使白边上包围圈牢固。

　　读懂了这点，黑要克制自己的奢望，净活才是硬道理。

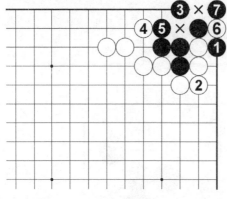

正解图

正解图（小康社会）

黑1先手扳，不需要保留，也不能保留。接着黑3双虎，两个×处两个虎口，哪怕白4尖、6扑从两侧轮流开火，也无法动摇半分。

目数是有点少，但总比两目活棋好，就算是小康社会吧。

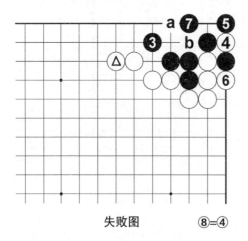

失败图　　　⑧=④

失败图（理想、现实）

无视白△子存在，黑3二路尖，体现了扩大眼位、多占目数的理想。无奈白4扑后成两手劫，这就是严酷的现实。

黑7如虎在a位，企图三眼两做，被白b位断后反成一手劫，黑更不能接受。

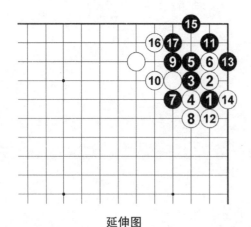

延伸图

延伸图（潜水艇）

黑1于二·五侵分，俗称"潜水艇"，白2靠以下采用最紧凑的下法。

黑11普通是下12位爬，但当黑在右边活棋不易，16位尖又是后手时，黑11扳选择活个小角，也就知足了。

第 4 题

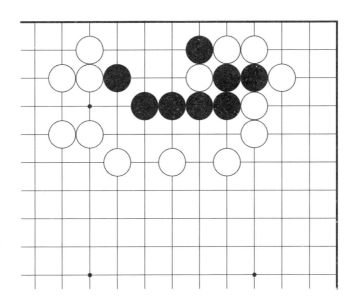

问题图（不变与变）

黑先，相对上题不变的是，黑同样要运用扳的先手。

那么黑这个扳会成为白的眼中钉、肉中刺，黑随后的处理方法要有所变化。

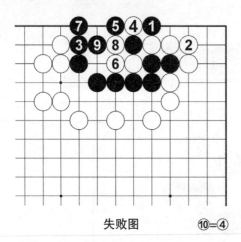

失败图　⑩=④

失败图（前功尽弃）

黑1先手扳不可省，若单于3位挡，白下在8位翻打简单成劫。

白4扑进攻，黑5提恋子，被白6长出则前功尽弃，即便黑7立是最佳防守，还是无法避免成劫。

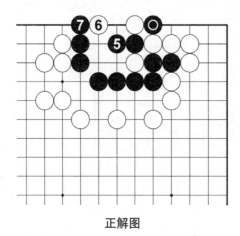

正解图

正解图（功成身退）

黑5退正着，黑◉子已完成任务，可功成身退。

白6点不死心，黑7挡下，有黑◉子默默支持，奉送白一张有来无回的单程车票。

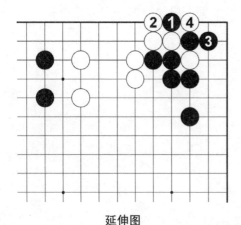

延伸图

延伸图（争先）

这是尖顶定式后，黑角被白点三·三后的常型，黑1扳，意图是先手防止白于3位翻打。

白2打反击，黑3单退如愿得到先手，黑1之子可谓急流勇退。

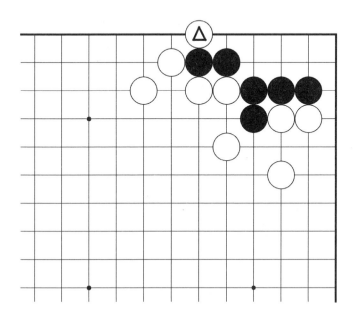

问题图（神奇的尾巴）

　　黑先，类似双飞燕脱先定式的变化，白△子扳进攻，认为黑角已插翅难飞。

　　黑角是个大猪嘴形，不求猪会飞，但求一条神奇的尾巴。

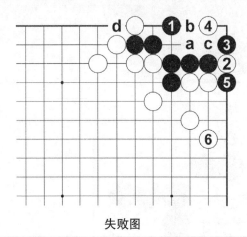

失败图

失败图（一招鲜）

黑1单虎不够流畅，好似没有前奏的乐曲，被白2、4扳点，黑已回天乏术。

黑5先手提无济于事，黑无论下在a、b、c哪点，白只会d位粘，一招鲜，吃遍天。

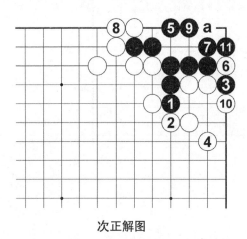

次正解图

次正解图（实战出发）

黑1冲后，黑3先手扳紧要，为角上安上尾巴。白6扑、8粘，从两边轮番进攻，黑7退、9并，小心翼翼，不给白a点的机会，至黑11挡打，黑已成净活。

本图是原著正解，如从实战角度出发，黑应有更好的定形方法。

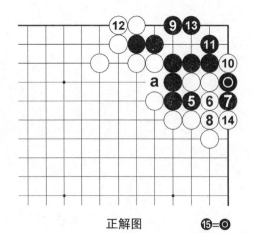

正解图　　⑮＝◎

正解图（未来可期）

黑不必羞羞答答，5冲、7打连续兑现先手，以破坏白之眼形。以下进程和前图相同，至白14提，黑15索性再扑，哪怕目数稍损。

黑这一切努力，都是为了憋着a位冲断，未来可期。

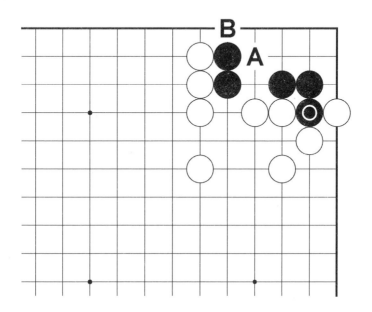

问题图（上下漏风）

黑先，黑角防线上下漏风，白有二路A位夹和一路B位扳的侵袭手段。

本题的趣味之处在于，位于前沿阵地的黑 ◉ 子形同虚设，哪怕换成白子，答案不变。

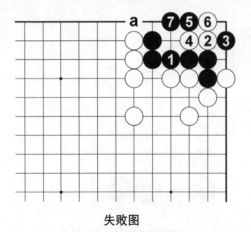

失败图

失败图（干巴巴）

黑1粘扩大眼位，倒是可以成宽带钩双活，只是黑角干巴巴，1目都没有，连a位立都是白的先手权利。

黑的亮点在于黑5夹妙手，白6如于7位打，黑7反占6位，黑角可成4目。

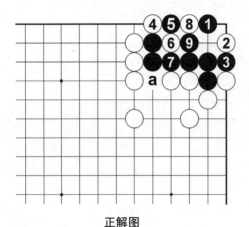

正解图

正解图（水灵灵）

在a位松一气的情况下，黑1跳兼防上下，既能防卫白4一路扳的手段（如本图），又能抗御白6二路夹的侵袭（参照下图）。

黑角较前图多了好几目，水灵灵惹人怜爱。

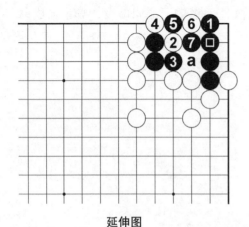

延伸图

延伸图（不变）

黑●子从a位换到此处，加强了角端防御而使边上更加空虚，但黑1位置不变，兼防上下的功能不变。

白2这次改为二路夹入，黑3冲、5扑，即还原成前图。

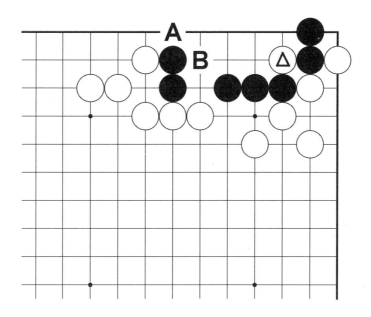

问题图（应用题）

　　黑先，怎样吃住白△子，是活棋的关键。

　　黑左侧透风，有被对方一路A位扳和二路B位夹之忧，本题可视为前一形的应用题。

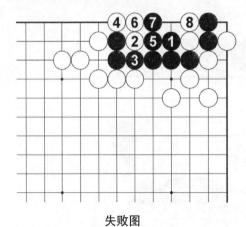

失败图

失败图（无知者无畏）

黑1打吃，对左侧弱点毫不在意，以为白2、4夹渡成连滚带爬之形，黑5、7连打即可，真是无知者无畏。

就在这一瞬间，白8出手，黑难以招架。

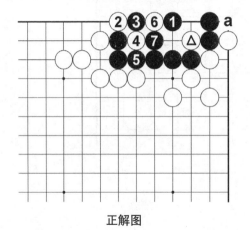

正解图

正解图（扎紧篱笆）

黑1跳，既吃住白△子，又扎紧了左侧的篱笆，不让白钻进来。白2扳的试探，被黑3扳打化解，即使白2在4位夹也没用。

请注意，本题同样和角端特殊性有关，如果白a位可入子，死活就会发生逆转。

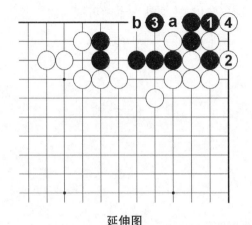

延伸图

延伸图（地利）

将棋形稍作修改，并整体左移一路，不给黑利用角端特殊性。

黑1先手打，目的是夺回地利上的优势，白2单提针锋相对。黑3跳不变，白4扑成劫，黑a则白b，只是个本身劫材。

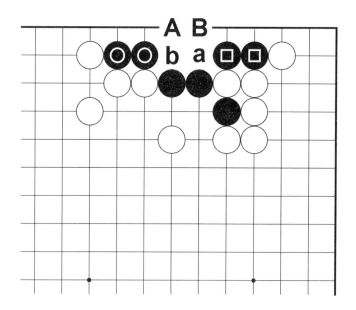

问题图（对角线、生命线）

黑先，两侧的黑◎子和黑口子都是紧气二子头，黑A则白a，黑B则白b，黑逃不过对角线杀法。

目光转向白包围圈，唯有角上断点可资利用，这是黑的生命线。

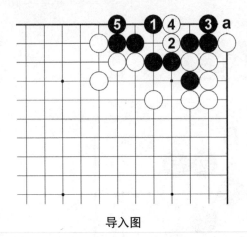

导入图

导入图（吸引火力）

将棋形整体右移一路，抵达角端，黑1虎在左侧，更准确的表述是虎在边上，那如何抵抗白2断呢？

黑3立一·二位，吸引白4火力，黑5转于边上做眼。因角端特殊性，白a位不入子，黑成净活。

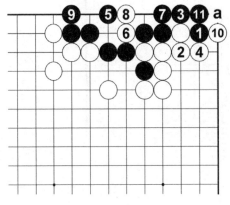

死活正解图

死活正解图（还原）

黑1夹，积极向角端靠拢，白2粘抵抗，是死活题中强调最强应手的下法。

黑3渡得偿心愿，至黑11粘，等于还原成前图，白还是a位不入子。

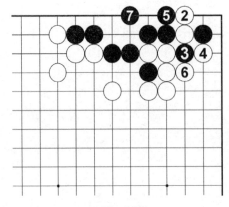

实战正解图

实战正解图（明智之举）

实战中白2下立，及时收兵，黑3断、5挡，连续利用先手后，黑7虎成活。

较前图白棋目数有利，这是白棋算清变化后的明智之举。

第 9 题

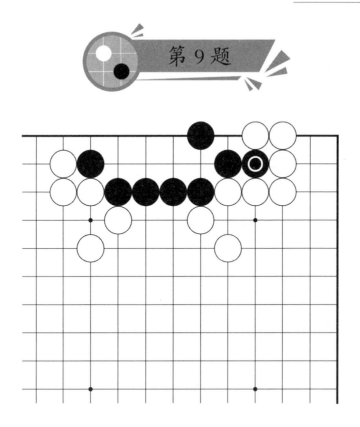

问题图（破坏、建设）

　　黑先，本来有望成左右同形，却因黑◉子挤入成破坏者，使两侧棋形不对称。

　　黑自顾不暇，哪有心情管这么多，还得感谢黑◉子成为建设者，使黑可净活。

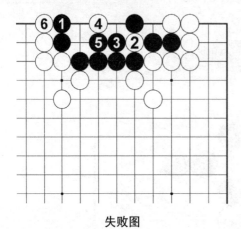

失败图

失败图（自寻死路）

黑1立，再次破坏左右对称，并将急所呈现于对方眼前，自寻死路。

白2、4先扑再点，或者单点，反正被白点方，黑总归不行。

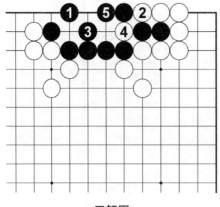

正解图

正解图（负1目）

黑1虎，努力建设左右同形，白2右侧打吃，黑3、5连续做两只小眼即可活出。

盘点战果，黑2目扣除白提子3目，黑活出负1目。

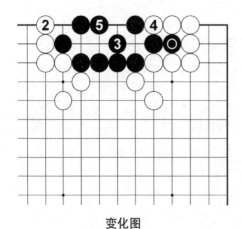

变化图

变化图（视而不见）

白2立，从另外一侧进攻，黑3曲冷静。对白4打，因多了黑◎子，黑可视而不见，于5位并做小眼成活。

这个下法，较前图白损2目。

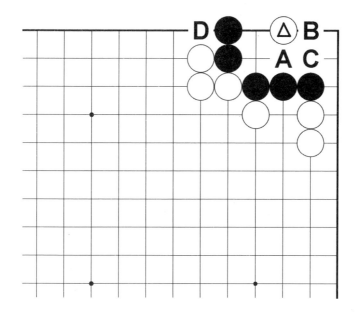

问题图（威力大减）

黑先，松一口外气的情况下，白△子点方威力大减，给了黑净活的选择。

黑如A位顶大恶，经白B、黑C、白D的次序，黑反被净杀。

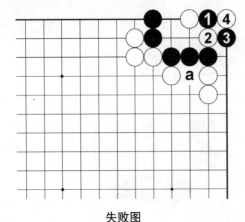

失败图

失败图（无法喝彩）

黑1靠、黑3反打成劫，展示了漂亮的筋和形，却无法得到喝彩。

只因这只是机械记忆，忽视了a位这口宝贵的外气。

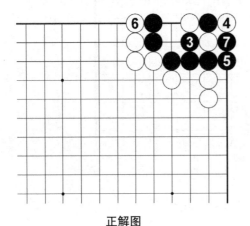

正解图

正解图（揭晓谜底）

黑3二路断放弃打劫，节奏看上去有点乱。黑5立揭晓谜底，白6装倒扑时，黑7吃两子，很清楚活棋。

实战中，白6一般会暂时保留，因为黑7即使脱先也是活棋。

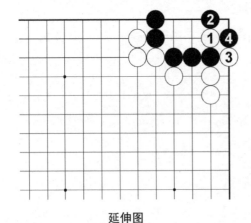

延伸图

延伸图（穿越）

穿越到问题图白△子点入前，假设白外围也不干净，白1、黑2互夹就是一组精彩的攻防。

白1若在3位扳成劫，担心劫胜后黑还是大眼留有后患；黑2夹是为了黑4扑，以增加白的负担，若单在4位扳，则劫争限定于黑空内。

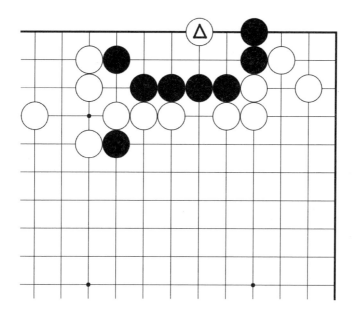

问题图（回旋余地）

黑先，仿佛又回到上一题的局面，同样是白△子点方。

黑由角到边，较上形更为宽广，就有了更多回旋余地。

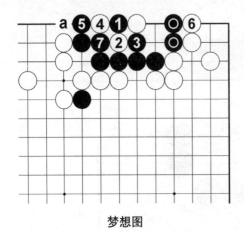

梦想图

梦想图（照搬照抄）

黑1靠，白2打，整个过程双方手法和上一题几乎一样，简单地照搬照抄。同样，白6、黑7可暂时保留。

白虽然得到吃黑◎两子的一半权利，但哪想白有a位冲的先手7目，更别提还有外围厚薄问题。

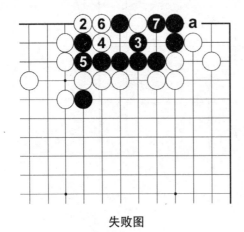

失败图

失败图（小贴目）

白2扳是切合实际的下法，黑3不敢挡，只能回缩。

至黑7提子成活，算上黑a冲的先手权利，单单比较目数，白就比梦想图便宜了5目半，倒是和以前黑先小贴目一样。

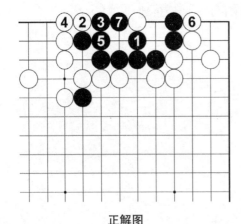

正解图

正解图（识时务者为俊杰）

上形中的黑1（第10题）顶错着，在本形中升级为正解，白2、4扳粘，识时务者为俊杰，黑5团或于7位打均可，黑5目成活，较失败图便宜了1目。

白2如于3位跳，黑就在2位挡断，不给白回头机会，以下还原成梦想图的局面。

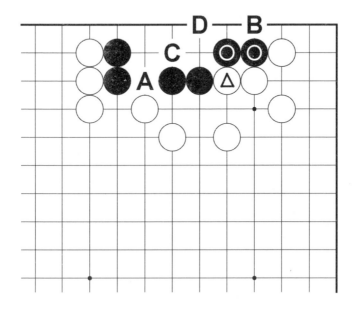

问题图（原形毕露）

黑先，这是边上的死活常型，被白△子卡到，黑行动受到限制。

黑A粘则白B扳，黑C曲则白D点，黑◎紧气二子头原形毕露。

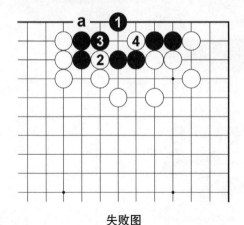

失败图

失败图（双重错误）

黑1跳是常见错误，以为白2冲、黑3挡成虎口好形，白4简单断杀，请参阅本篇第8题。

哪怕整体向角端平移两路，白2可先下a位扳，待黑挡白再冲，黑照样被杀。

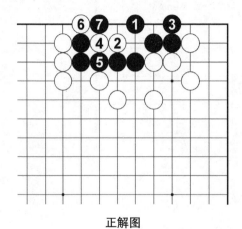

正解图

正解图（双重身份）

黑1虎是难以察觉的好棋，制造出2、3位两个好点，而且白2点是后手。

黑1还有另外一重身份，黑5位粘不成立，就当此点为白方所占，那么与之成象步飞的黑1，不就是补方吗？

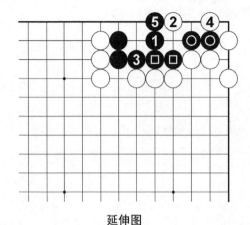

延伸图

延伸图（双重紧气）

现在黑⊙子、黑▢子都是紧气二子头，但因整体向角端平移两路，黑就有生机。

黑1曲妙手回春，白2点贪心，不甘心在3位冲让黑活一半。黑3挡扩大眼位，以吃白接不归而全部活出。

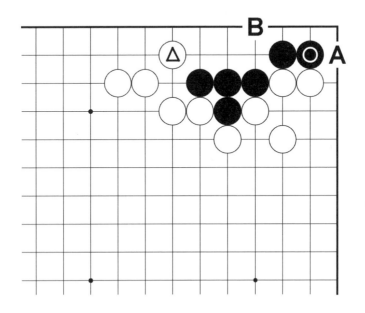

问题图（另辟蹊径）

黑先，本型是《发阳论》第1题的变化图，黑⚫子爬，白△子尖从边上进攻，不算有力的下法。

黑A位立扩大眼位，无法抵挡白B位大伸腿缩小眼位，需要另辟蹊径。

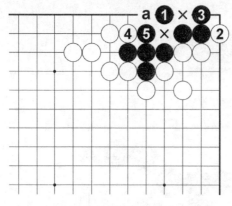

正解图

正解图（双虎）

黑1双虎是做眼技巧，任凭白2、4从两边冲击，×处两个虎口、两只眼，非常清楚。

黑1在a位跳三子中，似是而非，白左边冲、右边扳，都可简单杀之。

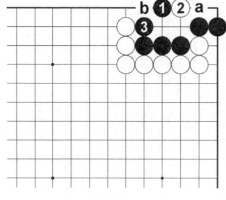

延伸图1

延伸图1（形似神不似）

向角端平移一路，黑1跳三子正中是要点，对白2靠入的强袭，黑3挡较a位打目数便宜。

黑1如在2位双虎，形似神不似，角端一眼用了两个交叉点，浪费了一个，而边上期待的另外一眼，白b位小尖可破之。

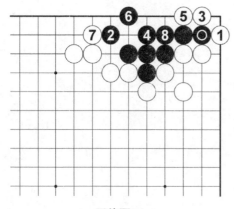

延伸图2

延伸图2（井底之蛙）

对黑⊙子爬，白1扳角考验对方，黑以4位曲的妙手顺利过关。

高二时的我，自以为水平不错，却对白1扳束手无策，小伙伴得意洋洋摆出答案，并神秘兮兮拿出《发阳论》，书上还说本题比较简单，痛感井底之蛙说的不就是我吗？

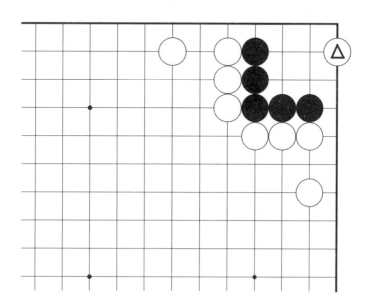

问题图（高利润、高风险）

　　黑先，简单的形状，复杂的变化，这就是传说中的金柜角。

　　白点二·二位是劫杀，如图白△子一路点是骗着，满心期待黑应错后的高利润，全然不顾黑应对后的高风险。

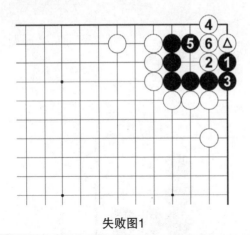

失败图1

失败图1（进退两难）

黑1尖顶，限制白△子行动，但过于靠近反凑其行棋。

只见白2打、4虎，要求在角里做眼，黑不去吃被眼杀，去吃则被聚杀，已是进退两难。

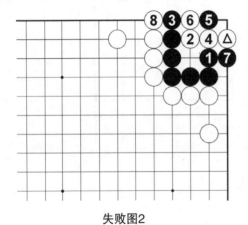

失败图2

失败图2（进退维谷）

黑1曲，和白△子稍稍拉开距离，倒是有点若即若离的意境。

但见白2一靠，要求和边上连通，黑不立只有一眼，立下则被眼杀，已是进退维谷。

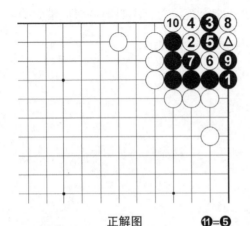

正解图　　⑪=⑤

正解图（视若无物）

黑1立，对白△子视若无物，白2一头撞向黑墙表示抗议，黑3点，白4挡断已失去理智，当于5位粘形成双活。

黑5发起反冲锋，至黑11提，黑以4目活出。

第 15 题

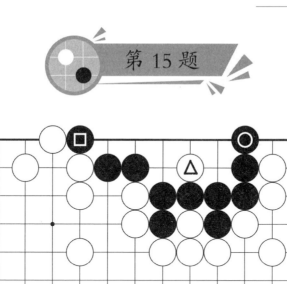

问题图（提示）

　　黑先，对白△子点入，黑有净活的良策。

　　提示1：黑⊙子大有作用，黑▣子只是摆设；提示2：黑形可归类到板六之列，不过这个归类恐有误导之嫌。

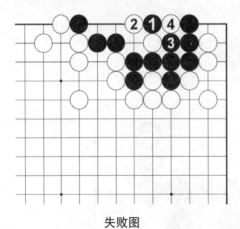

失败图

失败图（带偏）

黑1一路夹，虽说是板六的中心要点，但不合时宜，可能是被前面的提示2带偏。

白2打，黑3反打，手法娴熟，惜乎这个生死劫，总是黑的负担。

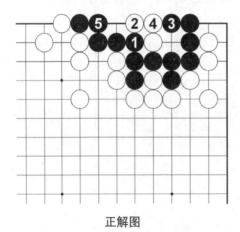

正解图

正解图（盲点）

黑1二路粘已出人意表，白2扳企图做聚杀，黑3一路愚形曲更是盲点。

白4如粘，则黑5跟着粘，宣称双活也是活，哪怕黑空1目也没有。

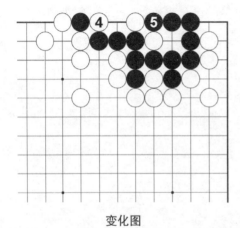

变化图

变化图（一厢情愿）

白4若提，不甘心被黑净活，期待黑断白粘成曲三杀黑，那只是一厢情愿。

黑5不慌不忙，从后面追杀接不归，如此扣除白提子1目，黑空以3目净活，白反而亏损。

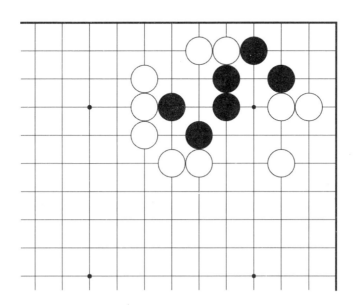

问题图（清楚、朦胧）

黑先，中间一只后手眼清清楚楚，角端先手眼朦朦胧胧。

原著中本题净活的结论稍有疑问，次序也有不完美之处。

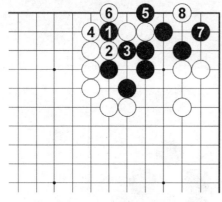

失败图

失败图（戛然而止）

黑1跨、3断，是原著得意的次序，却徒然加厚白边。黑1应单下3位，白2也只得挤。

黑1至黑5过程倒是流畅，却因黑7尖戛然而止，白8点使黑角端成后手眼，黑被净杀。

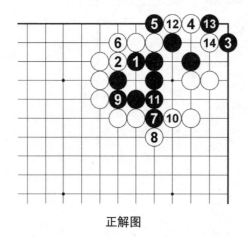

正解图

正解图（三眼两做）

黑1先手利用后，黑3飞一·二路，先明确角端一眼，再下13位又是一眼，俨然已成三眼两做之势。

白4点最强反击，黑5先手扳做个缓冲，黑7、9先搞定中间一眼，白12、14先退再进，难不成要打劫？

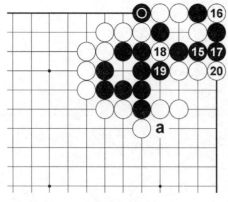

正解图续

正解图续（纷繁复杂）

黑15冲、17粘，看似有黑◉子存在，黑吃定白接不归。

但白18扑、20挡是意外的强手，局部成缓一气劫。而黑也有a位断的反击，局面纷繁复杂。

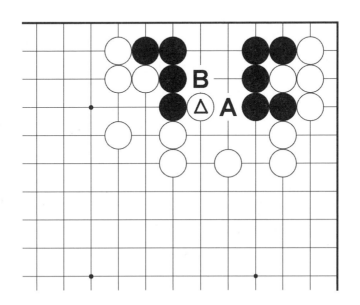

问题图（诱敌深入）

黑先，白△子虽是软头，但直接瞄准它反而不行，黑A则白B，黑B则白A，黑对白断点的利用不到位。

此处黑非要用诱敌深入之计不可，使白的伤口扩大化。

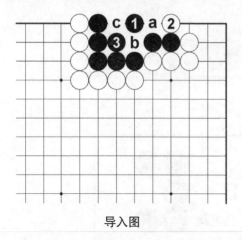

导入图

导入图（公理、定理）

做眼要点的公理遵循三个一原则，一手棋一个点一只眼，而三眼两做是衍生的定理。

黑1倒虎，产生了a、b、c3个眼位，虽然被白2板破眼，紧接着黑3一手棋两个点两只眼。

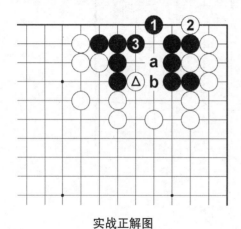

实战正解图

实战正解图（意犹未尽）

黑1尖一路是同样的思路，不必可惜被白2扳破眼，黑3是配套手段。边上一眼牢不可破，中间一眼呢，白a尖则黑b挤，成送货上门。

黑就这么简单成活，有意犹未尽之感，那么请看下图。

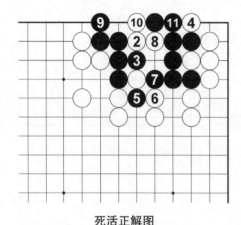

死活正解图

死活正解图（最强手段）

白2靠入，体现死活题开掘最强手段的要求。黑5、7吃子虽不是真眼，但能扩大眼位，放任白8、10在里面折腾，黑也能做出双活。

实战中多了黑9硬腿，无论目数还是厚薄，白都亏损。

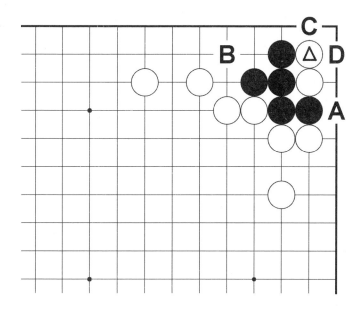

问题图（勇气、算路）

黑先，白△子爬，不退反进，只可点赞其勇气，而无法肯定其算路。

黑下A位立分断显然不行，白B位尖，以下C、D见合，黑不活。

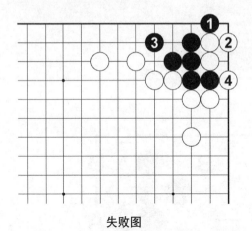

失败图

失败图（粗疏）

黑1扳一·二位，计算粗疏，自以为2、3两点见合必活。

白2立一·二位，见合破见合，黑3尖则白4渡，黑在一·一位不入子，无法追杀接不归。

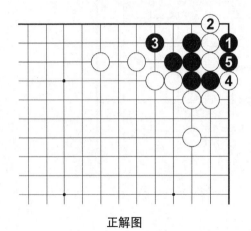

正解图

正解图（周密）

黑1夹一·二位，计算周密，算清楚2、3两点见合必活。

白2立继续前行，终被黑5扑切断归路。实战中白2当于3位尖，放黑小活。

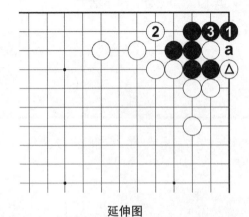

延伸图

延伸图（实至名归）

回到问题图中，白△子如渡，黑1跳一·二位正确，如打吃，则成劫。白2尖目数便宜，还有黑3断在a位的期待。

一·二位多妙手，真是实至名归！

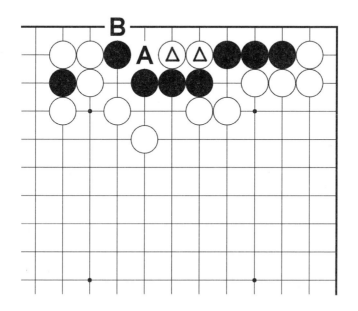

问题图（借鉴）

　　黑先，如以A位团或B位立这种拙劣的方式，阻止白△两子连回，离分断很近，离活棋很远。

　　和前题相比，黑由角到边，但不妨碍借鉴其思考方法。

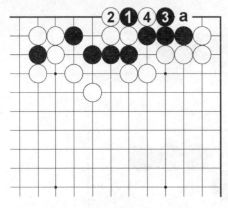

失败图

失败图（自带眼位）

黑1一路扳形好，好在自带眼位。不过白2可拐打，黑3只有如此做劫。

白2若于a位扳，黑3挡打位置不变，同样成劫，白目数稍损。

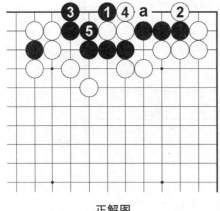

正解图

正解图（各行其是）

黑1于一路夹，是和前题类似的手法。白2从右边扳缩小眼位，黑3在左边立扩大眼位，各行其是。

白4拐打，黑5反打成胀牯牛，哪怕打在a位也可以成立。

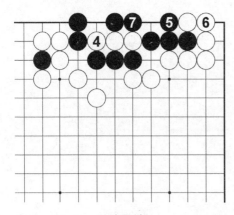

正确图续

正解图续（各行其道）

白4若向内侧长入，黑5就在外侧挡扩大眼位，各行其道。

稍感意外的是，只要白6粘肯回头是岸，和前图相比，黑目数并没有增加。

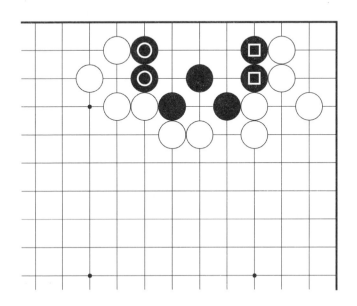

问题图（过犹不及）

黑先，左边黑⊙两子气松，右边黑回两子气紧，目光很容易被吸引。

对此不以为然固然不行，太过小心就会过犹不及，导致思路僵化、自缚手脚。

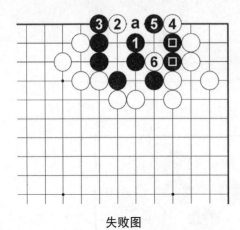

失败图

失败图（中心点）

黑1并在二路中心点，企图兼顾左右。白2先点，再以4扳、6扑，追究黑■紧气二子头弱点，黑简单被杀。

黑1如跳a位一路中心点，白的杀法几乎一样。

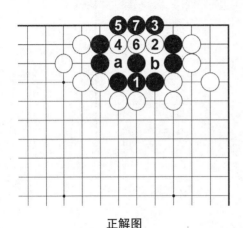

正解图

正解图（抱团取暖）

连受打击，黑1终于破除找要点的迷信，索性于三路团扩大眼位，准备以一己之力支撑两边。再说了，这不也是中心点吗？

白2、4两夹，黑3、5两扳，不要有断头曲四的错觉，a、b两点似断非断，抱团取暖而成双活。

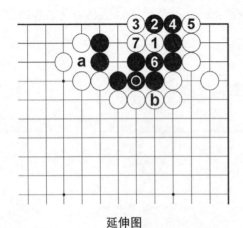

延伸图

延伸图（寻根究底）

对本型寻根究底，哪怕a位还是松气，只要增加b位白子，黑◎子团就失效。

白1右边夹，黑2扳负隅顽抗，白3、5、7连打，以简单粗暴的方式，轻松杀黑。

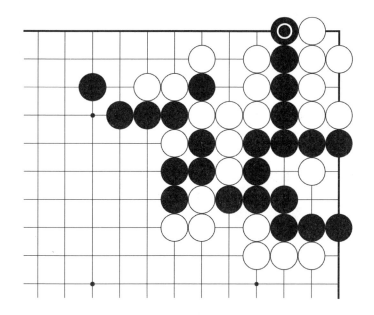

问题图（坚强后盾）

　　黑先，右边大块已被点杀成刀五死形，唯有反攻白上边，方有一线生机。

　　黑●子的作用众目昭彰，这个硬腿是黑发起逆袭的坚强后盾。

梦想图

梦想图（冲动是魔鬼）

黑1点，先在右边试探，白2粘，防守得当。黑3托，再从左边尝试，白不堪其扰，于4位扳愤然反击。

却应了那句冲动是魔鬼，黑5卡打后，黑7以滚打杀白。白4当然应粘5位，黑只能就此止步。

失败图

失败图（我心飞扬）

黑1断，更进一步到前图中的黑5位，是正常的心路历程。白2必打，黑由此得到3挖、5立的破眼调子。惜乎被白6托、8挤，受制于外围缺陷，黑连打劫都求之不得。

但有了这个构思，我心飞扬不就在眼前吗？

正解图

正解图（再进一步）

沿着心路再进一步，黑1挖体会我心飞扬。白2如于a位下打，黑3可于2位卡打后爬回，对杀结果是对白不利的缓三气劫。

局部白2粘不得已，忍痛弃掉尾巴，接受后手成活的结局。

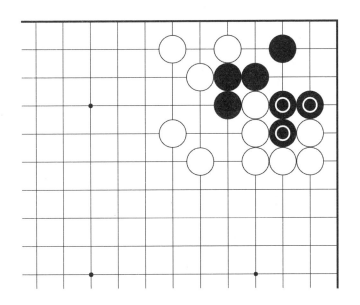

问题图（侧重）

黑先，黑◉三子气紧，这使白的进攻有了突破口。

攻守是一对矛盾，与之对应，黑防守时应有所侧重，过分强调公平就会导致效率低下。

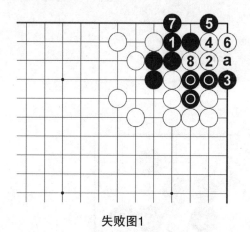

失败图1

失败图1（锦上添花）

黑1团，加强气松的左侧黑曲三，锦上添花不值得夸耀。白2夹严厉，至白8断，黑◎三子气紧的弱点结出恶果。

黑唯一值得表扬的是3立，较a位扳更有韧性。

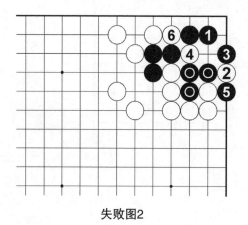

失败图2

失败图2（一视同仁）

黑1并二·二位中心点，对两侧一视同仁。坏就坏在这不偏不倚，对自身弱点照顾不够。

白2扳、4扑，紧盯黑◎三子气紧缺陷不放，黑照样被杀。

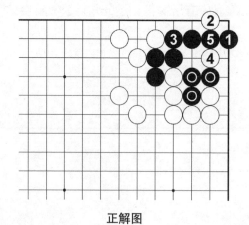

正解图

正解图（雪中送炭）

黑1占一·二位同样是要点，关键是重心偏向相对薄弱的黑◎三子，雪中送炭带来高效率。

白2点、4夹，全力猛攻；黑3、5和黑1组成一条棍子，岿然不动。

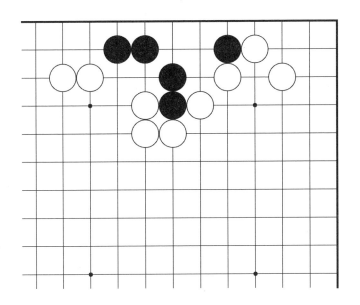

问题图（善始善终）

黑先，无须提示，黑明显有扩大眼位的先手利。

良好的开端只是迈向成功的第一步，逆水行舟，不进则退，请善始善
终。

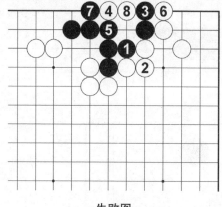

失败图

失败图（手滑）

黑1先手挤扩大眼位必然，可惜黑3立再扩大眼位是手滑，白4点方急所过于醒目。

黑5团防守，扛不住白6装倒扑，一手之差，黑被净杀。

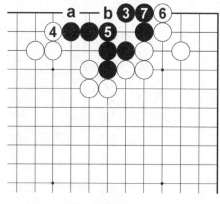

次正解图

次正解图（倒虎）

黑3一路倒虎富有眼形，白4挡，黑5单做眼避开陷阱，如于a位立，则被黑b靠杀。

请思考，白4若下b位靠，黑如何应对呢？

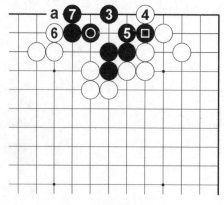

正解图

正解图（飞虎）

黑3对黑⊙子是虎，对黑▣子是飞，号称飞虎。如已有白6、黑7的交换，此着是活棋的只此一手，而现在则是最佳活法。

因黑有a位冲先手，通算双方目数和前图一样，不一样的是白边变薄。

第 24 题

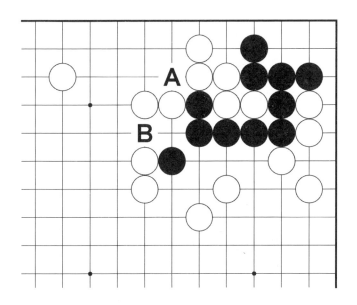

问题图（上下联动）

黑先，黑角局部不活，仅仅注视白A位断点，还不足以化险为夷。

再盯上白B位缝隙，上下联动，就有起死回生的希望。

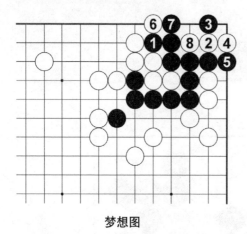

梦想图

梦想图（守株待兔）

黑1团手法笨拙，思路狭隘，白2夹是正确的杀招，至白8长，黑成断头曲四。

黑1之狭隘在于守株待兔，以为白2只会下6位扳，如此黑倒有妙招，请看下图。

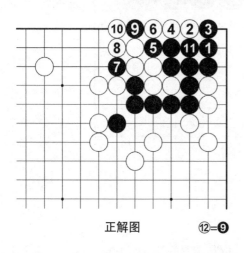

正解图　　⑫＝❾

正解图（欲罢不能）

黑1单曲，等的就是白2点，黑3内挡使白欲罢不能，成三子而不忍舍弃。

黑7先断、黑9再扑是绝对的次序，至白12粘，白成臃肿不堪之形。

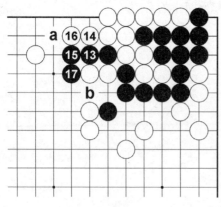

正解图续

正解图续（攻守逆转）

黑13跑出，攻守已经逆转。白骑虎难下，只能于14、16位连爬。

黑17拐，似有千钧之力，a位扳、b位吃，都令白难以招架。

第 25 题

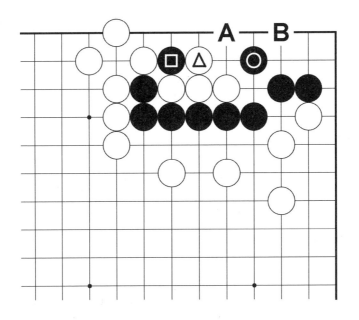

问题图（充分燃烧）

　　黑先，黑 ◉ 子和白 △ 子的交换有问题，会导致目数稍损。悟已往之不可谏，知来者之可追，充分燃烧被吃的黑 ▣ 子，黑有亡羊补牢之策。

　　黑A位尖，则白B位点成劫，否认的不是要点，而是时机。

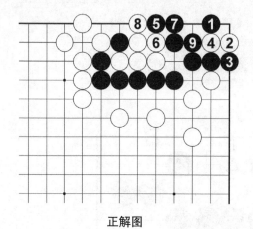

正解图

正解图（兼备）

黑1跳，不慌不忙，白2点入强攻，就结果而论反而损目。

进行到白4冲，此时黑5尖，兼要点和时机于一身，充分借助二路死子，黑安然成活。

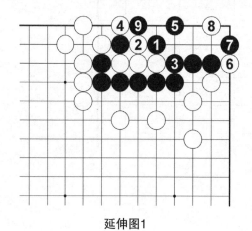

延伸图1

延伸图1（主题1）

回到问题图黑●子和白△子交换之前，黑1托的利用更加到位。白2冲打，黑3打、5虎是一错再错，被白6扳、8点，黑已岌岌可危。

黑9扑绝处逢生，就是不让白团在此处，虽只是缓气劫，倒是可以延续本形主题1——亡羊补牢。

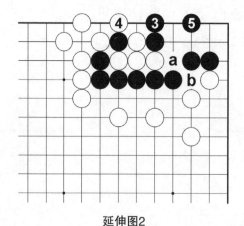

延伸图2

延伸图2（主题2）

黑3单立含蓄，白4单提不给借劲，黑5跳补是形，如此做活目数最佳。以下白如下a位挤，黑应以b位挤，白强行转换反会亏损目数。

本图黑延续本形主题2——目数。

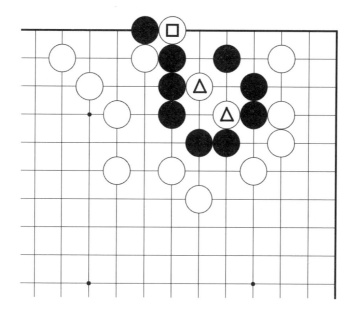

问题图（双提）

　　黑先，眼看白△两子已经是囊中之物，白回子也随时可以拿下，却看不到明确的两只眼。

　　这里黑需要运用围棋中的双提技巧，而诱敌深入是必要的铺垫。

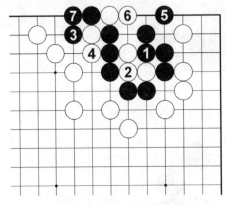

正解图

正解图（试应手）

黑1先手打后，黑3于左侧动手，有试应手的意味。白4如长做出回应，黑5尖诱使白6长深入，再下黑7粘。

至此准备工作已经就绪，接下来黑有更加精彩的表演。

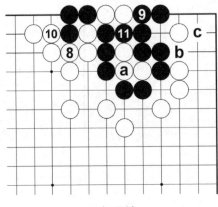

正解图续

正解图续（没空）

白8开始收气，黑9、11的次序绝对不能颠倒，白上下同时被提，即所谓的"双提"。白实在没空下a位点眼，那就意味着黑净活。

过程中，黑始终不下b位先手冲，如此多出c位靠的破空手段，手法细腻，请体会之。

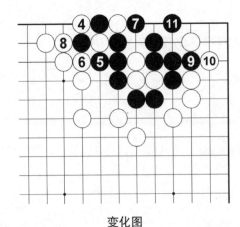

变化图

变化图（怅然若失）

白4若提，黑5二路打虚晃一枪，白6断满怀劫争的期待，黑7转于一路先手打，令白怅然若失。

黑9先手冲不再保留，待白10挡，黑11一路小尖，再次越过劫争的陷阱而净活。

第 27 题

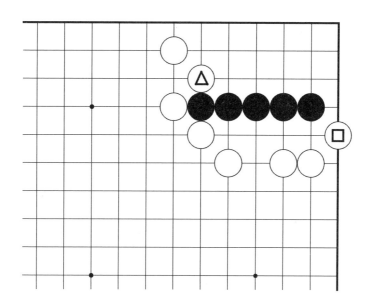

问题图（平衡点）

　　黑先，黑角之庞大只是徒有其表，两侧的白△子和白⊡子犹如刮起强劲的东南风和西北风，黑漏风之势甚明。

　　黑必须找到一个平衡点，兼顾两边的弱点，才能渡过难关。

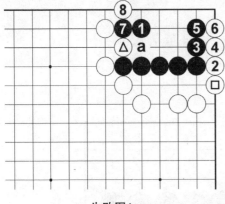

失败图1

失败图1（失之偏颇）

黑1跳，优先防守宽广的左侧边上，但不免失于角端防御。

白2、4、6一冲到底，黑7挤的试探，也被白8扳轻易化解。黑虽有a位先手打，也是于事无补。

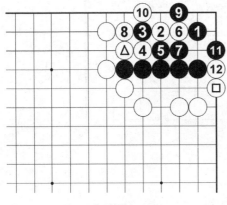

失败图2

失败图2（厚此薄彼）

黑1跳二·二位要点，角端防守到位，边上防御虚弱，仍不免厚此薄彼。

白2飞，如入无人之境，黑3跨竭尽所能，最后还是无法避免白12挤破眼。

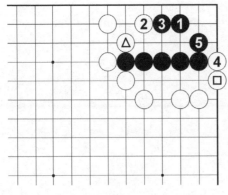

正解图

正解图（中庸之道）

黑1跳二·三位，符合中庸之道，最大限度平衡了角边两侧的防守力量。

再看黑3和黑5，对黑1分别是并和尖，保持近身位进行收缩防守，使白无机可乘。

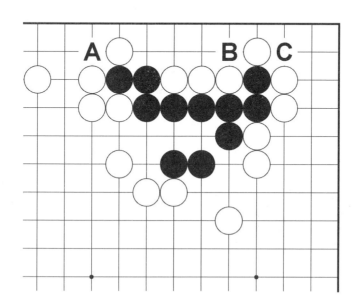

问题图（一波三折）

黑先，本型在原著"劫之部"第53题，借助白A、B、C三处断点而做出劫活。

桥本宇太郎解说版揭示了净活的下法，过程堪称一波三折，与诸位共赏。

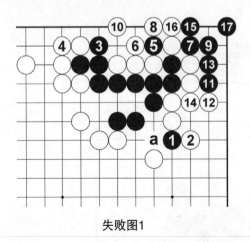

失败图1

失败图1（心得）

黑1跨是笔者的研究心得，事出反常必有妖，白2软扳是高手的本能反应，如下a位冲，则黑11可断。

黑3先手挡后，黑5内断，至黑17虽可活角，白在右边加补一手，黑还是损失太大。

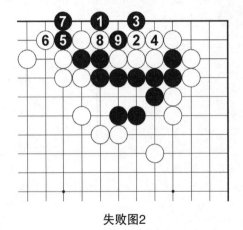

失败图2

失败图2（新奇）

黑1跳是原著正解，白2曲应最善，如于3位跳还是成劫，但白负担加重。黑3、白4交换后，黑5转于左侧断，至黑9扑成劫。

黑1跳的手法不算新奇，可见于《官子谱》等古典名著，要论新奇，请看下图——

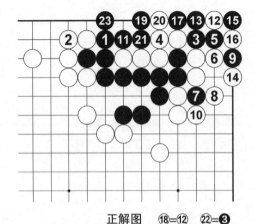

正解图　⑱＝⑫　㉒＝❸

正解图（曙光）

黑1先手拐，黑3外断是正解，至黑11爬，借收气已看到了活棋的曙光。白12托强手，至白16提，看似只留给黑劫争一条道路。

能预先算到黑17爬，计算力堪称恐怖。因暗藏倒脱靴，白22只能粘，眼睁睁看黑23两眼成活。

2 杀之篇

第1题

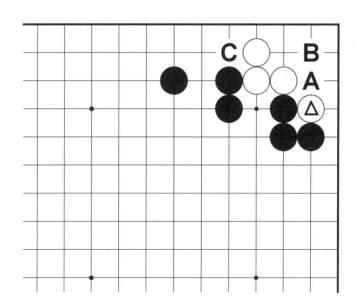

问题图（干扰弹）

黑先，为躲避黑导弹攻击，白△子是释放的干扰弹。黑A则白B，正好凑白占到二·二要点而成净活；黑C则白B不变，白还能劫活。

说到破解白这个要点，有直接和间接两种思路，让我们一一道来。

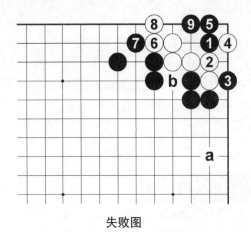

失败图

失败图（直接）

黑1点，直接就将白二·二要点据为己有，但接下来就有点为难。

黑3若下6位挡，只要外围多个白a位接应子，白反成净活；黑3若扳，白可先手做成大眼，惦记着b位冲断，黑亦不安。

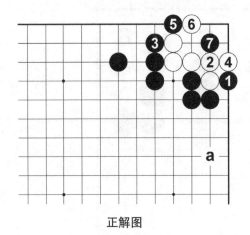

正解图

正解图（间接）

黑1下打正着，间接破解白二·二要点。白2如粘，黑3以下次序井然，白被净杀。

这个"净"除了围棋术语表达的没有劫争，还表达了干干净净，没有后患的意思。请注意，现在即使a位有白子，黑也全然不惧。

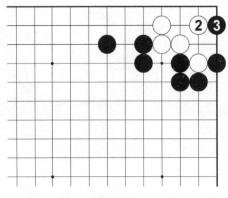

变化图

变化图（强化）

白2若虎，执着于抢占二·二要点，难道期待黑提白立？黑3轻轻一托，白照样被杀得干干净净。

本图技术含量不高，登场亮相只是为了强化前图"间接化解"的概念。

第 2 题

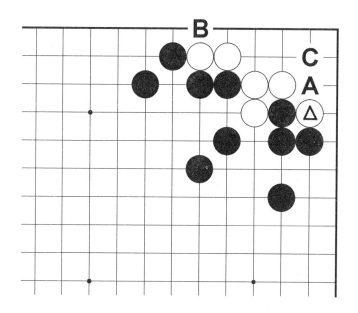

问题图（锁定目标）

　　黑先，白△子给黑杀棋制造了麻烦，无论黑下A位打或B位扳，白都是应在C位，区别是净活或劫活。

　　锁定了目标，黑就有了前进的方向。

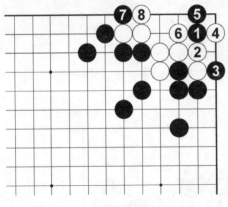

失败图1

失败图1（直言不讳）

黑1点露骨，直言不讳之下，将白二·二要点占为己有，却迷惑于从哪边扳杀。

黑3如在右边扳，白4跟着扳，以下黑7再从左边扳时，白8居然可以挡住，白成净活。

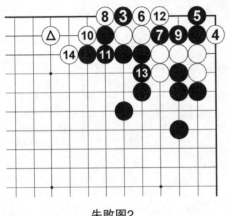

失败图2

失败图2（自我救赎）

黑3若从左边扳紧气二子头，白4挡在9位就是净活。就算白4下错，当有白△子且劫材有利时，白6挡打是自我救赎，至白14虎，黑仅吃个尾巴而白在边上成形。

请思考，黑9为何不下12位，吃接不归不香吗？

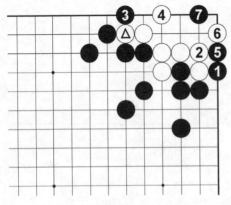

正解图

正解图（闪烁其词）

黑1下打委婉，闪烁其词之间，化白二·二要点于无形。

待白2粘，黑3再扳犹如照妖镜，此子和白△子抵消后，白角现出原形，这不是大猪嘴吗？

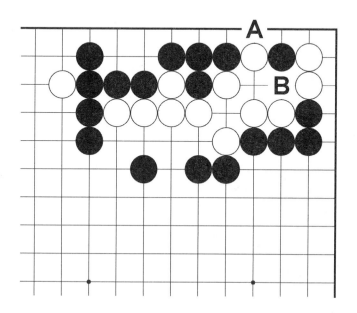

问题图（迂回战术）

黑先，简单的A位打，必然遭致白下B位反打，如此只能成劫。

和前面两题思路类似，要攻陷白城，非迂回战术不可。

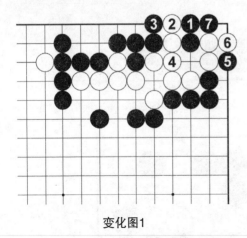

变化图1

变化图1（不渡之渡）

黑1立是不渡之渡的妙手，不惧白2挡断，因有黑3先手打使白吃子利润最小化。

接着黑5扳、7冲，先外后里，杀白成断头曲四。

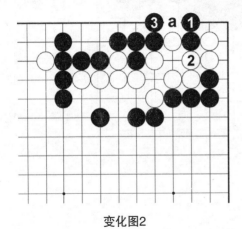

变化图2

变化图2（导出）

白2粘里面，期待黑a位渡，以扑做出劫争。黑3立冷静，白败于a位不入子。

本图简洁明了，价值在于导出白最强抵抗。

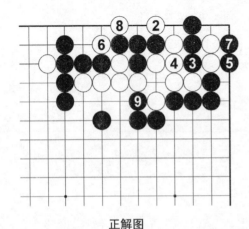

正解图

正解图（虽败犹荣）

按敌之要点我之要点的原则，白2扳是最有迷惑性的强手，白6断延续这种风格，竭力扰乱心智。哪怕最终被杀，也是虽败犹荣。

思考题1：白6为何不下7位打？思考题2：如果9位有白子，最终结果又会是如何？

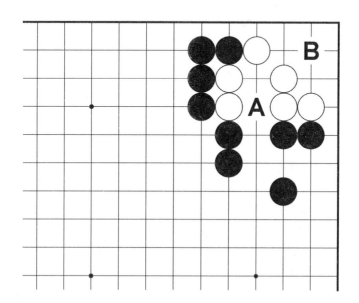

问题图（谨慎）

　　黑先，A位打不到，白B位尖二·二即可活出。那是否意味着黑第一手，一定要点在B位呢？

　　深入敌阵一旦无法奏效，就意味着损目。股市有风险，投资需谨慎，这句话同样适用于围棋。

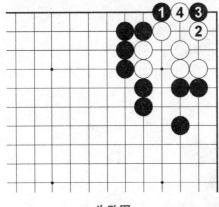

失败图

失败图（风险）

黑1扳缩小眼位，希望不冒风险，只是白不按黑之期待挡打，而是于2位退守要点。

黑3只能按白的路线图于一路托，白4扑成劫，前途未卜。原来，不冒风险才是最大的风险。

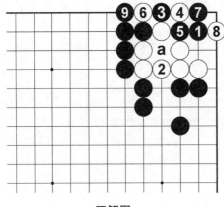

正解图

正解图（机遇）

此时黑1唯有亲自点入，机遇与风险并存。白2做眼，问题转化为如何破解a位之眼。

黑3扳、5断又是间接破除之策，以下进入快车道，无须解释。

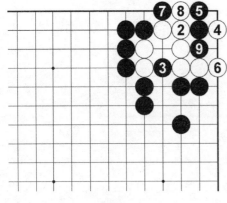

变化图

变化图（绝好、次好）

白2若团，等于承认被黑先手破解角上绝好点，黑3回头再打。

白4夹只能算是次好点，以下进行至黑9长，白成断头曲四而亡。

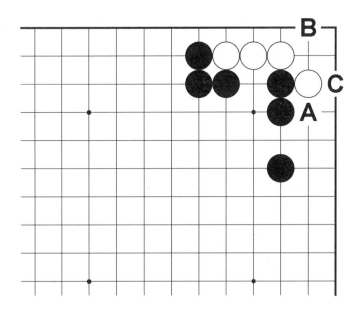

问题图（读心术）

黑先，黑A位挡是普通下法，白B位倒虎迎接打劫。

那白为何不下C位立呢？运用读心术，就可揭晓正解。

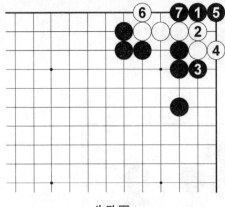

失败图

失败图（先手）

黑1点，走对方的路，让对方无路可走，白2粘必然。

黑3回头二路挡看似当然，至黑7长，白先手做出盘角曲四，并有白6硬腿，黑有被白反扑的后患。

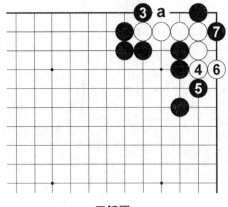

正解图

正解图（后手）

黑3一路扳，手法细密，还是运用了读心术。

至黑7扳，白如要做成盘角曲四期待反攻，必须落后手下a位。差一手棋，云泥之别。

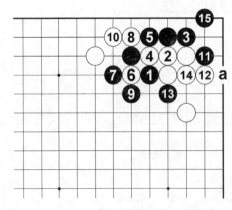

延伸图

延伸图（左右为难）

黑1尖、3爬是局部治孤的好手法，白4、6挤断反击过强，关键是得不到15位点的机会。

有了中央提花，黑可看轻劫争，白如不敢打劫，则黑a位扳可先手成活，白左右为难。

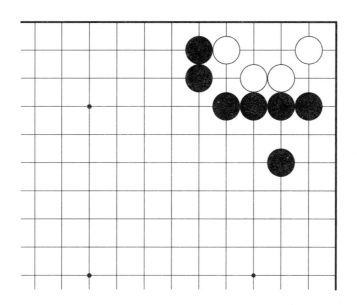

问题图（不知其二）

黑先，能秒杀的读者朋友肯定很多，但多半会落入只知其一、不知其二的俗套。

更何况，本题共有3种杀法，没想到吧。

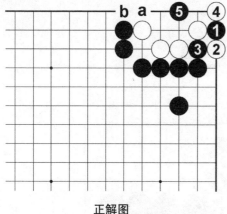

正解图

正解图（快捷方式）

黑1托缩小眼位，是快捷方式，也是基本杀法，至黑5点杀。

你能想到吗，黑1下a位扳凑白成虎口，甚至呆若木鸡的b位立，同样可以达成杀棋的目的。

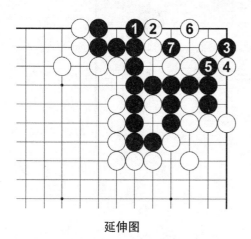

延伸图

延伸图（攻守兼备）

如图配置下，黑1立攻守兼备，以下白6虎企图做劫，被黑7点化解。

现在黑1下3位托或者2位扳，不合时宜，都免不了收气之累。

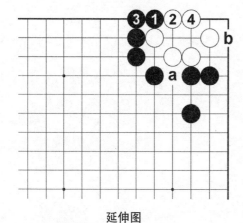

延伸图

延伸图（修正）

将原题修正成本图，a位松一口气，如此b位托只此一手。

现在黑1扳已经不成立，至白4并，黑攻势难以为继；黑1单下3位立，白2下4位虎，黑攻势举步维艰。

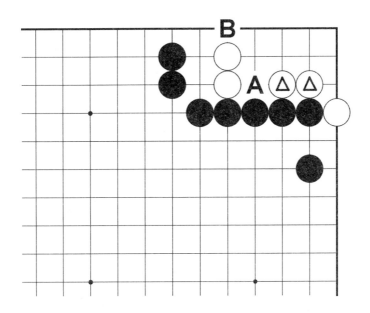

问题图（优劣之别）

　　黑先，马上下A位冲，制造出白△两子气紧，是难以抵制的诱惑。而B位托缩小眼位，做为杀棋首选的有力竞争者，也呼声颇高。

　　局部黑这两种杀法都可以成立，细究之下有优劣之别。

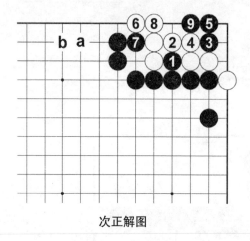

次正解图

次正解图（隐隐不安）

黑1先从三路冲，白2挡成形，黑3夹、5立，必须马上在内部动手，而无暇再占8位托，黑内心隐隐不安。

一旦外围白a、b位有子，白6一路尖手法细腻，黑的防线已摇摇欲坠。

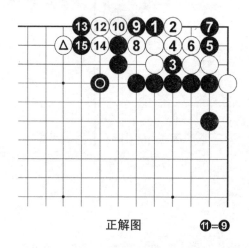

正解图　　⑪＝❾

正解图（手法醇正）

同样是缩小眼位，黑1托，先从一路底线着手，手法醇正。待白2挡打，黑3再冲定形，杀得更干净。

即便外围多了白△子，只要同时增加黑●子，进行至白12长，黑13可当头打住。

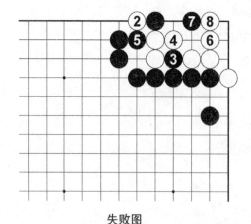

失败图

失败图（成形）

白2外打不好，黑下5位单断即可，白反而失去外围的利用。但黑3按捺不住又下冲，白4挡成形，黑5再断，白6曲即活。

请参阅次正解图，体会冲凑对方成形这个说法。

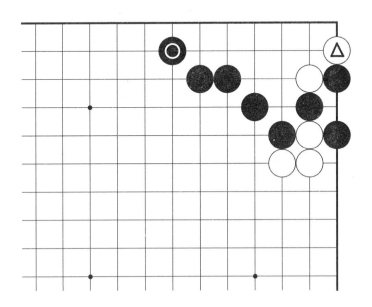

问题图（豪言壮语）

黑先，角上是实战攻防常型，白△子打，要求黑做出选择，打劫还是放白成活。

有黑◎子关上大门，黑放出豪言壮语，真正的强者不做选择题，只做证明题！

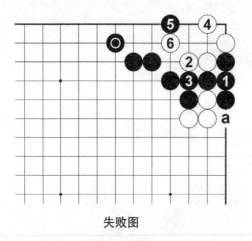

失败图

失败图（无力前行）

黑1粘，不动声色。白2先手长，自信可在黑角内闯出自己的小天地，不在意失去a位打的先手利。

对白4虎，依托黑◉子，黑准备了5位一路飞的杀招，却被白6尖顶，黑无力前行，白反成净活。

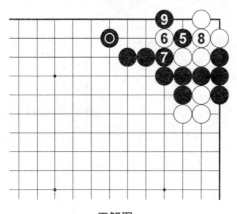

正解图

正解图（海底捞月）

黑5二路托深入，不惧白6外扳。黑7先手断打，有黑◉子为后盾，转身黑9来了一招海底捞月，白被净杀。

整个过程，黑尽显强者风范，实力是最好的证明。

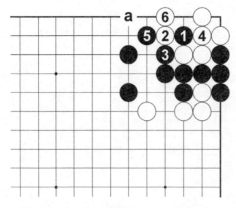

延伸图

延伸图（最佳定形）

配置有变，杀棋已不现实，黑1托照样有效，有效在是最佳定形。白6立正着，若提则多给黑a位的利用。

黑1如下2位跳，白于1位挡后，以后白3位冲，黑形不完整。

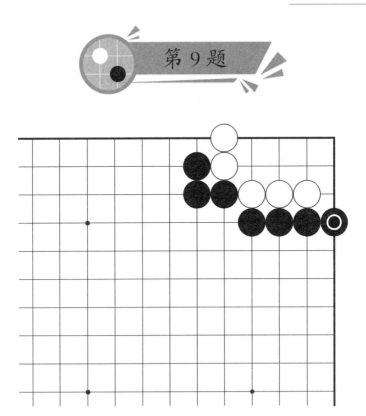

第 9 题

问题图（危如累卵）

黑先，白角本来就不能净活，再加上黑⊙子硬腿，白已危如累卵。

本题可视为开放性思维训练，因为杀法有好几种。

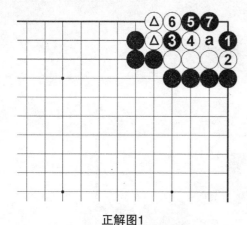

正解图1

正解图1（更胜一筹）

黑1跳点是原著正解，迫使白2撞气，黑3下a位爬就没问题。

考虑到紧住外侧白△两子的气，黑3断后做出眼杀，更胜一筹，也更有观赏性。

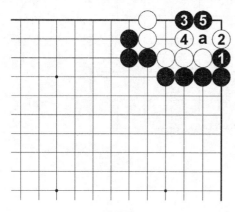

正解图2

正解图2（重轻）

黑1冲厚重，犹如重甲骑兵向敌阵推进，白2唯有强挡。黑3点方轻巧，以轻骑兵突入白阵。在黑连番冲击下，白轰然倒地。

黑3切不可下a位断打，如此白反打成劫。

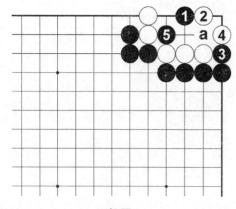

正解图3

正解图3（轻重）

有趣的是，将前图下法次序颠倒，照样有效。黑1点轻骑兵袭扰，黑3重甲骑兵碾压，所到之处一片狼藉。黑3点4位亦可。

同样，黑3不可下a位打，否则成劫是白意外之喜。

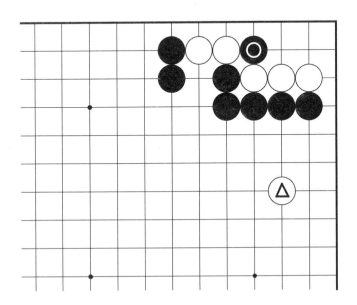

问题图（就地解决）

黑先，黑⊙子已深入敌阵，净杀应该不难。

审题时不能忽视外围白△子，这意味着黑要就地解决战斗。

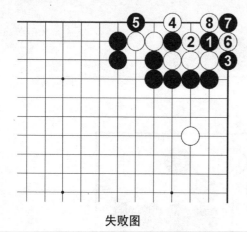

失败图

失败图（华而不实）

黑1夹华而不实，虽有黑3先手打，但总得到去左侧5位扳，无暇顾及右侧薄味。

白6、8连扑，黑无法避免劫争。

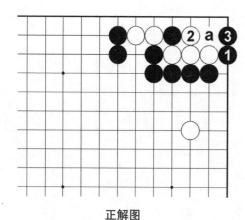

正解图

正解图（实而不华）

黑1一路扳实而不华，白2无法挡只能打，黑3默默长入，达成净杀。

黑3如于a位打，岂不是穿新鞋走老路，还原成前图。

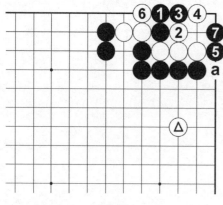

变化图

变化图（光芒）

黑1、3连续弃子，再回到5位扳，精彩绝伦的杀招。

虽然白2下a位扳，靠白△子接应可以跑出一半，也不能掩盖这妙手的光芒。

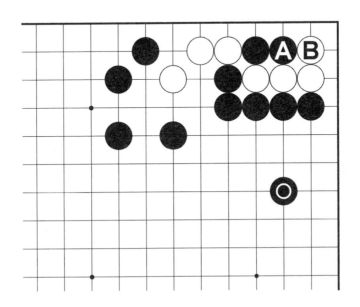

问题图（完美无缺）

黑先，和上题相反，右边非但没了白子，反而增加了黑◎子。

因外围完美无缺，即便多了黑A白B的交换，对白角黑照样有强攻手段。

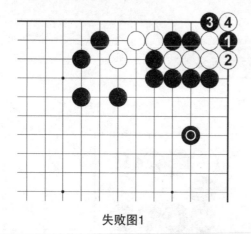

失败图1

失败图1（常规武器）

黑1夹一·二位是常规武器，多见于官子，同样可运用于杀棋。因眼位不够，白2唯有挡打，黑3反打即成劫。

如将黑◎子换作白子，这个就是正解；换而言之，现在这个结果黑不满。

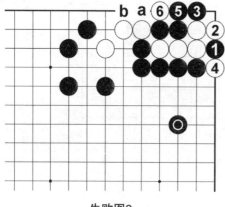

失败图2

失败图2（绕圈）

黑1先扳，接着黑3、5在白空里折腾，不以白4提为意，不就是黑◎子的作用吗？

因黑5失误，白6扑成劫，黑功败垂成。而且黑7必须a位提子，白8打在b位却不是必须的，白脱先，黑还得绕圈从右边去打劫，太累。

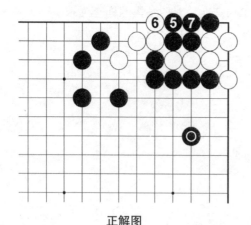

正解图

正解图（机会）

只要你会换位思考，黑5相当简单，那就是一路曲立，不给白扑的机会。

至于给白6打的机会，无所谓，黑7粘，做刀把五聚杀。

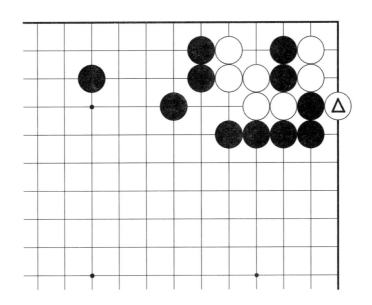

问题图（不无裨益）

　　黑先，白△子增加了黑杀棋的难度，也使本题避免了双解。

　　解答本题之余，请设想去掉白△子后的第二种答案，对攻克下一题不无

裨益。

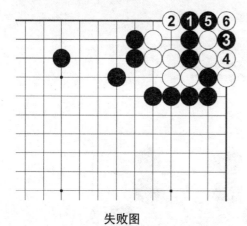

失败图

失败图（大煞风景）

黑1立不难想到，如果被白抱打在此处，黑根本看不到杀棋的希望。

白2尖防渡，黑3夹本是虚晃一枪，但黑5硬是要打劫，那是大煞风景。

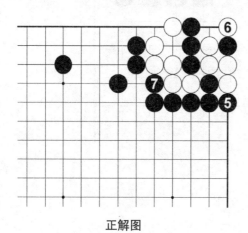

正解图

正解图（合计）

黑5打，轻易放弃劫争，肯定是看到了更好的手段，此着使白右边不入子。黑7紧气，再使白左边不入子。

合计可得，白两边不入子而被杀。

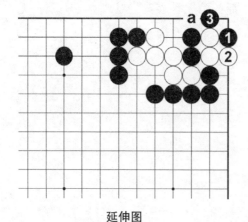

延伸图

延伸图（引桥）

左侧白多了口外气，黑1夹的常规武器就是正解，只有成劫。黑1若于a位立，白可下1位曲立，黑三子无法向左侧渡回。

从本图出发，是通往下一题的引桥。

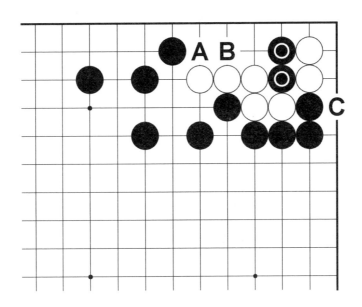

问题图（活动空间）

　　黑先，和前题相比，左边少了黑A白B的交换，使黑◎两子有了更大的活动空间。

　　右边少了白C位之子，正好用到前面所说的第二种解法。

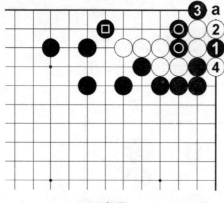

正解图

正解图（请勿拘泥）

黑1扳、3打，用最简单粗暴的方式在右侧定形，使白在角端a位不入子。

再看左侧，最近的接应子黑■子，还是有点距离，如果拘泥于连回黑◎两子，就会走进死胡同。

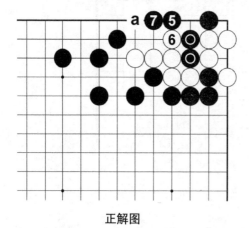

正解图

正解图（不连之连）

黑5从右边尖，呼应前面几手，白6打，黑7长或者从左边a位尖均可。

白如提黑◎两子，黑有打二还一救出一半，即所谓不连之连。

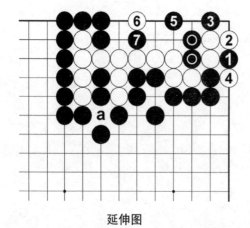

延伸图

延伸图（出奇制胜）

左侧棋形又有所变化，黑◎两子离家更远了，幸亏白左边数子还没来得及在a位提子。

前面几手不变，黑7挖是出奇制胜的一着，无论白从哪边打都不行。

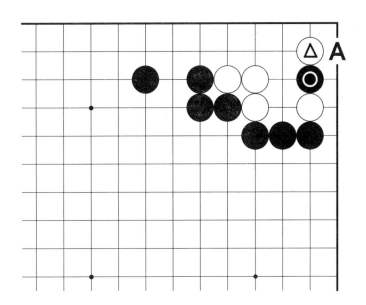

问题图（庸人自扰）

　　黑先，黑⊙子夹进攻，白△子反夹防守。

　　黑很想下A位扳，强行以劫攻杀，但又怕自身负担太重，难下决心。其实这是庸人自扰，因黑有净杀的巧手。

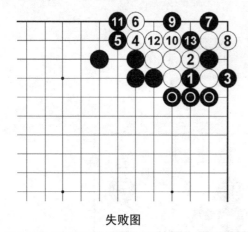

失败图

失败图（升格）

黑1单吃白一子，并不是放弃了对白角的进攻，至黑13扑，白无法摆脱劫争。

这种打劫方式很容易被忽略，特别当黑◎三子自身不安定时，这个失败图就会升格为正解图。

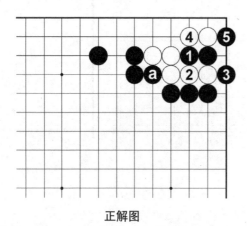

正解图

正解图（猝不及防）

黑1顶，看上去放弃了劫杀的手段，白2接心安理得。黑3、5令白猝不及防，以打二还一化打劫无形。

请注意，如果白在a位松一气，白4立在5位，即可净活。

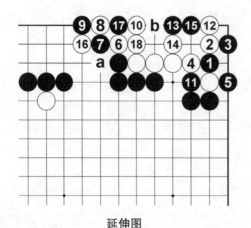

延伸图

延伸图（化解胜负手）

这是第一届中日围棋擂台赛中，聂卫平执白对加藤正夫的对局。白角宽了一路，形势不利的黑方唯有1夹、3扳，双方展开激烈的劫争。

当时还是小将的俞斌指出了白6、8连扳的妙手，至白18粘，以a、b见合轻松化解加藤的胜负手。

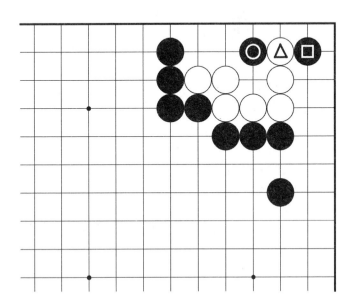

问题图（运动战）

黑先，白△子冲构成"天门中断楚江开"的雄壮，要想净杀颇为不易。

渡回黑◎子是轻而易举，黑的构思是通过运动战拉回黑▣子，迎来"孤帆一片日边来"的美景。

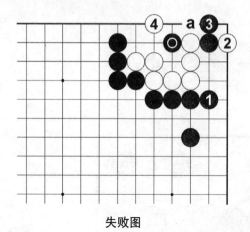

失败图

失败图（自诩沉稳）

黑1立自诩沉稳，反正两侧黑子渡回是见合。白2夹是漂亮的反击，黑3立避劫，反被白4跳活，因黑角上两子无法回家，白成净活。

白4若下a位挡，以为同样可吃住黑◉子，反而会被净杀。

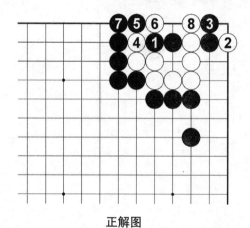

正解图

正解图（明修栈道）

黑1冲，以明修栈道揭开了运动战的序幕，接着白2夹和黑3立不变。白4冲以下，是双方胸有成竹的进行，但必有一方失算。

至白8挡，黑丝毫没有难以兼顾两边的觉悟，底牌即将亮出。

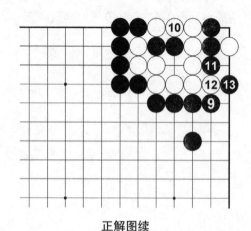

正解图续

正解图续（暗渡陈仓）

黑9单立，不慌不忙，逼迫白10撞气吃黑左边两子。黑11冲、13打，以暗度陈仓落下运动战的帷幕。

本图的下法，也为失败图中白4为何不能下a位做了注解。

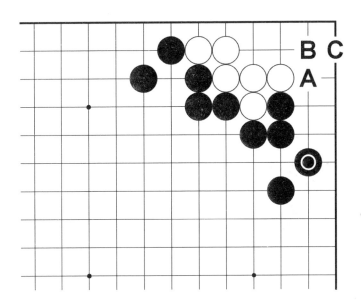

问题图（视为无物）

黑先，若按黑A、白B、黑C的次序强行打劫，必将引起黑◎子的强烈抗议。

怎么能对我视为无物，太不给面子了。

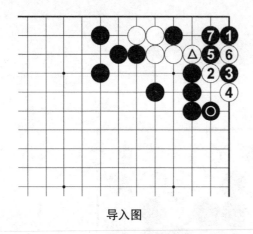

导入图

导入图（超低空飞行）

棋形稍有变化，从黑●子空军基地起飞，黑1超低空飞行，巧妙避开白△子雷达监控，白2扳，黑3一路夹可渡回。

白4打，则黑5断、7粘，并无打劫，而是净杀。

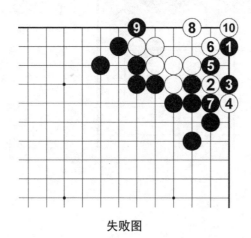

失败图

失败图（不讲武德）

黑1超大飞不变，以下按武术套路行至黑5断，不妨年轻人不讲武德，白6突然变招。

黑7只有提，白以8虎、10扑，愣是做出劫活，黑不满。

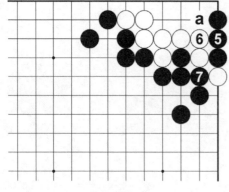

正解图

正解图（杯水车薪）

导入图中黑5双解，断和粘均可，现在黑5粘单解，细微之处不可不察也。

对白6粘，黑7断即可，白虽有a位打的先手利用，对做活犹如杯水车薪，解决不了问题。

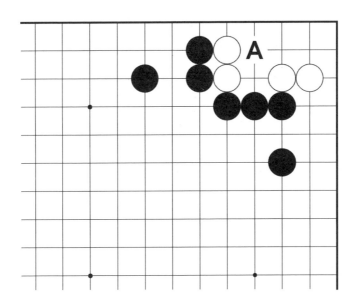

问题图（卖个破绽）

黑先，白角是直二加横二的组合，非轻易可破之阵。

A位是白卖了个破绽，黑真去下这个夹，白角可净活。

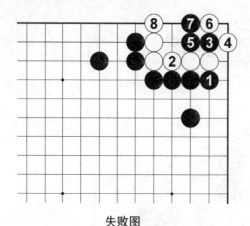

失败图

失败图（紧带钩）

黑1从宽的地方挡，符合常理。但白2粘，将直二横二焊接为一个整体，已成紧带钩之形。

黑3二路夹是唯一的后续手段，最后只能以万年劫收场，进攻沦为虎头蛇尾。

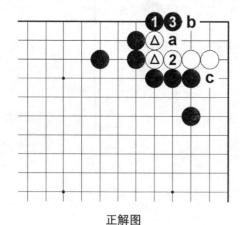

正解图

正解图（格言大师）

黑1扳既符合杀棋自扳始，又合乎紧气二子头必扳，白2无论下a位退还是b位跳，黑回头再下c位挡，白已无法成活。

白2还是粘，则黑3长可杀白，切合慎勿轻速的格言，如b位跳，则白扑成劫。

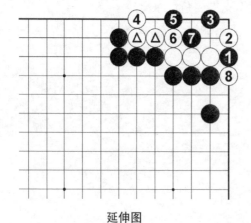

延伸图

延伸图（表里如一）

黑1右边扳，徒有杀棋自扳始之表，至白8提杀了个双活，也就是杀了个寂寞。

黑1当于4位扳，加上紧气二子头必扳之里，白角才会露出大猪嘴原形而被杀。

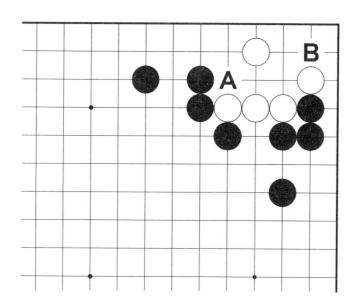

问题图（败絮其中）

黑先，偌大的一个白角居然会被净杀，简单就是金玉其外，败絮其中。

黑A位冲则白B并，占据中心点而简单成活。

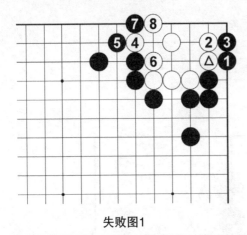

失败图1

失败图1（扳软头）

黑1扳白△子软头，是简明有效的进攻方法，但现在不算最强手段。

白2先退，缓和黑之攻势，再以白4托展示其韧性，至白8，可做出劫活。

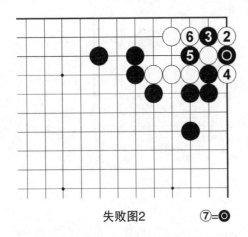

失败图2　⑦=◎

失败图2（干脆）

如果黑左边足够厚，那么前图中黑5可于6位冲杀，但这不代表白就无计可施。白2挡打干脆，最大限度扩大眼位，也能做出劫争。

前图不用此法，是因这个劫争黑负担稍轻。

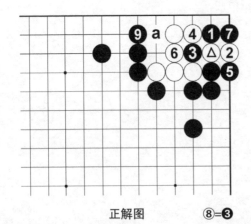

正解图　⑧=❸

正解图（绞封）

黑1夹、3断更干脆，对白△子软头的追究更深刻。以下通过滚打先在角端定形，黑9回头防止白在边上做眼，请体会，这手并胜于a位尖。

日本围棋术语中，将这种杀法称为"绞封"。

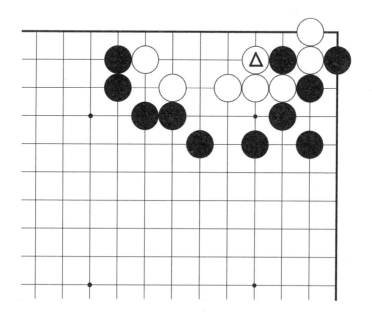

问题图（大话围棋）

黑先，只要耐心算到底，杀白不是难题。

曾经有一个活棋的机会摆在白面前，白△子没有珍惜，等失去的时候才后悔莫及，围棋中最痛苦的事莫过于此。

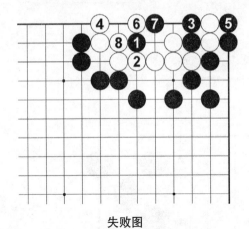

失败图

失败图（弥补遗憾）

黑1点是众目一致的好点，只是黑3出错，未能在左侧充分定形，而急于在右侧行棋，给了白4立的机会。

黑5提子，则白6夹、8打，做出劫争，稍稍弥补了遗憾。

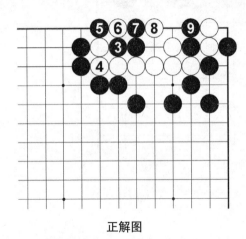

正解图

正解图（泰然自若）

黑3、5挤渡，将左侧棋形走净，不过白生变的机会。

因计算有深度，故黑对白6、8的追杀泰然自若，试问白如何抵抗黑9送子打吃？

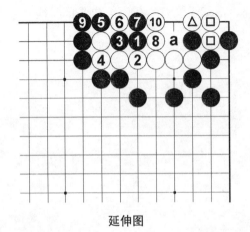

延伸图

延伸图（不离不弃）

如果上天能够给白△子一个再来一次的机会，它肯定会下在一路拐打，这是一往情深的下法，对角端白▢两子不离不弃，而摒弃1位虎弃子争先的变化。

以下类似进程，但直至最后，黑都没有a位先手破眼的机会。

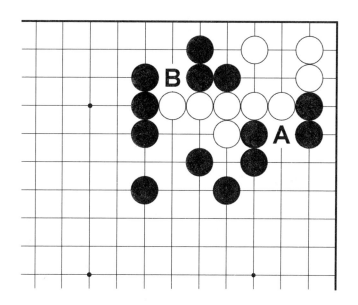

问题图（一明一暗）

黑先，A、B两个缺口一明一暗，使黑之进攻难以流畅。

说到解题思路，本形可视为本章第1题和第2题的升级版，大家不妨回头复习这两题。

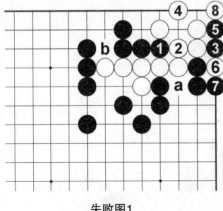

失败图1

失败图1（顺手、随手）

黑1先手冲，黑3扳很顺手，其实为随手。

被白4做眼占到要点，黑已无法达成净杀。对黑5冲，白6、8连扑成劫，黑a位缺口非常明显。

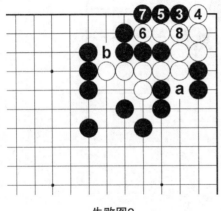

失败图2

失败图2（直接）

黑3点，直接消除白之要点，白4内挡好棋。

黑5爬，白6团使原来藏在暗处的黑b位弱点明显化，白以吃接不归而净活。

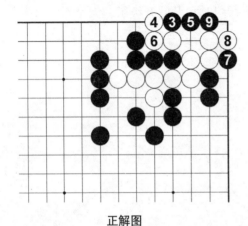

正解图

正解图（间接）

黑3托，间接消除白之要点，白4只有外打。

黑5长入，送白一个消化不良，终成断头曲四而亡。

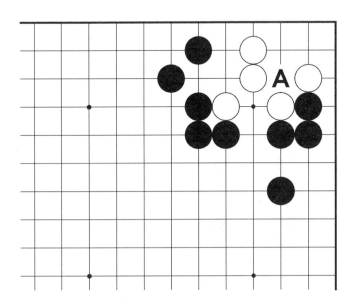

问题图（主题）

黑先，焦点是破白A位之眼，切不可给白打劫的机会。

围绕这个主题，本题超越了周杰伦的双截棍，有3种解答方法。

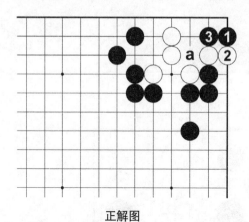

正解图

正解图（不争之争）

黑1一路点，白2挡断，黑3紧贴，白根本没机会做a位之眼。

黑1、3手法规范，尽显不争之争的境界。

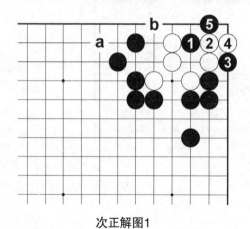

次正解图1

次正解图1（开门见山）

黑1二路点破眼，开门见山。白2贴反抗，黑3、5两扳，杀白角成断头曲四。

此法不足之处在于，一旦外围a位有白子，白b位尖即成劫。

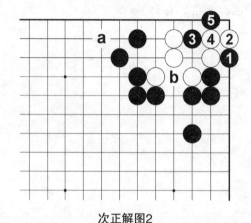

次正解图2

次正解图2（急刹车）

黑1扳，白2挡打后劫味十足，黑3急刹车，回到点的杀招，还原成前图。

此法还不如前图，a位利用尚存，一旦白b位有子，白4可尖在5位，又是劫。

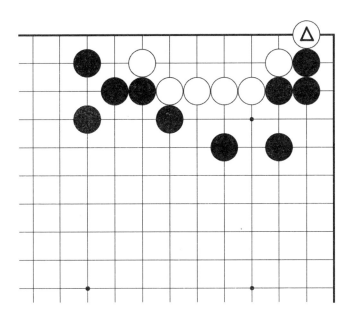

问题图（拥护、反对）

黑先，有白△子扳在，白摆明了欢迎打劫。

凡是敌人拥护的，我们就要反对，黑必须净杀白，才叫本事。

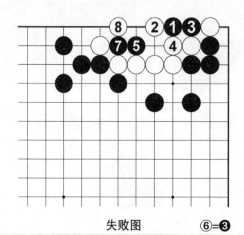

失败图　　⑥=❸

失败图（搅乱局面）

黑1一路点，正是白做劫之处，十足的针尖对麦芒。白2靠应，较4位粘更能搅乱局面。

黑3扑还真就上当，漏算了最后白8可一扳而过。

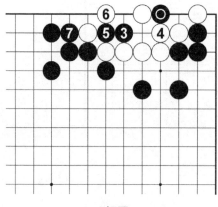

正解图

正解图（伏兵）

故黑3先点是绝对的次序，白4打，企图兼防黑左断右扑。

奈何有黑⊙子伏兵，白6扳已不成立，黑7可追打接不归。

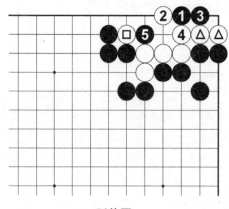

延伸图

延伸图（盯紧）

这是一道死活常型题，再现黑1点和白2靠。

黑3爬盯紧白△紧气二子头，待白4粘，黑5断打，利用黑两子伏兵，白▣子无法逃脱。

第 23 题

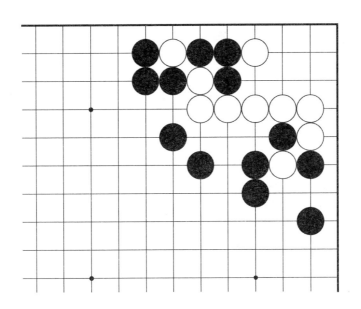

问题图（实属不易）

黑先，目标是将白角做成聚杀，再说具体点是做刀把五。

即便有了提示，因白角太大，净杀实属不易。

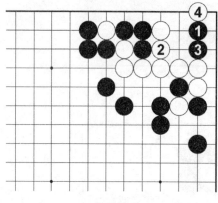

失败图

失败图（渐行渐远）

黑1单点，被评价为急躁，白2接扩大眼位，静观黑在角上闹腾。

黑3不顶不行，但被白4托到一·二位要点，黑离净杀的目标已渐行渐远。

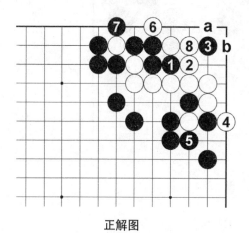

正解图

正解图（迷惑）

黑1先冲、黑3再打是绝对的次序，白2不可退，否则黑再冲，可杀白成盘角曲四。

白4、6两打后，终究得回到8位粘，黑下一步迷惑于a、b两个一·二位。

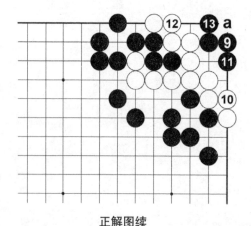

正解图续

正解图续（真假要点）

换位思考可知，上图中3位和b位是白角的双要点，故黑9立是真要点。同样是一·二位，黑下13位是假要点，白9位托即可活出。

黑11、13是对白10、12的正常反应，以下白如果不接受被眼杀，那就得接受被黑下a位而聚杀。

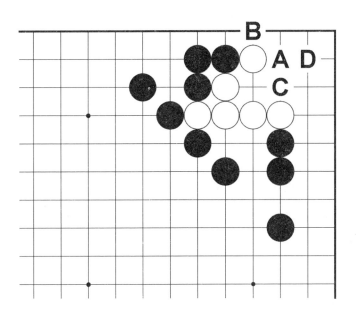

问题图（脑补）

　　黑先，熟悉常型的读者，已经自行脑补黑A、白B、黑C、白D的画面，尤其对白D夹的手筋颇为自得。

　　果真如此吗？结论是经验主义害死人。

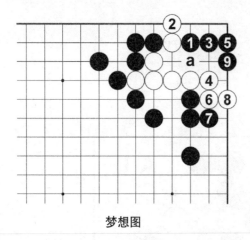

梦想图

梦想图（不领情）

黑1夹出错，奉送白于3位反夹成劫活的机会，无奈白2立不领情。黑3并，不按白之设想于a位顶，还一直线下出黑5，至黑9曲成眼杀，白后悔不迭。

黑1若于a位点，白可在3位防守，黑无机可乘。

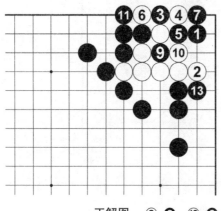

正解图　⑧＝❸　⑫＝❾

正解图（一目了然）

综上所述，黑1应直接点在前图黑3的位置，白2唯有立阻渡。接着黑3、5扳断是对杀收气之常法，此时成为最有效的破眼法。

至白12粘，白被打成一团，黑13再挡，白被杀一目了然。

延伸图

延伸图（当湖十局）

在问题图基础上增加黑◉、白△和白▣三子，黑1倒尖希望做劫，白2粘出错，至黑15挡，角上被眼杀。

这是当湖十局中的一个变化图，诸位能算到白方的最佳防守吗？

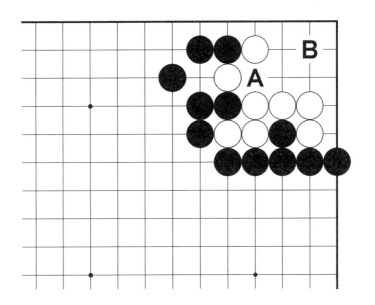

问题图(是否)

黑先,白角形状和第23题有点类似,那进攻要点是否一样呢?

黑A扑,白B跳躲闪成活,是否指明了黑1正确的位置呢?

失败图　⑩=②

失败图（误入歧途）

黑1点二·二，看似杀棋要点，唯有白2托竭力否认，没办法，屁股决定脑袋。

进行至白10提成劫，看来黑1在问题图的提示下误入歧途，如何回归正途呢？

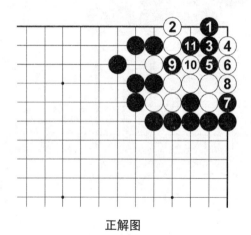

正解图

正解图（改邪归正）

黑1改邪归正，抢先占据前图中白之要点，白2立愤然阻渡，黑3并，回归二·二位。

反方向的白4托，只是挣扎一番，至黑11团，白被聚杀。

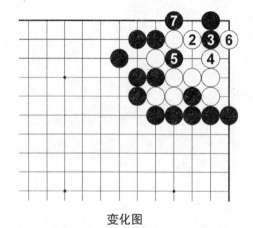

变化图

变化图（双刃剑）

白2若并，黑3位置不变，白4再顶。白这两手意图是限制黑子的行动，但这种紧身战术是把双刃剑，同时也限制了自身的行动。

黑5扑破眼，又制造了副产品黑7扳渡，白终被自己的剑锋所伤。

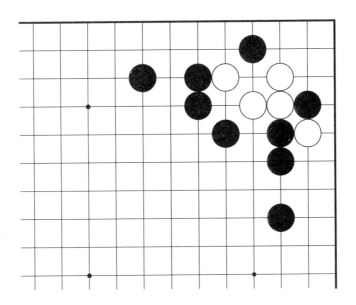

问题图（高效防守）

黑先，两侧的黑子都处在危险中，该如何高效防守呢？

围棋中所谓进攻和防守只是简单分类，实则密不可分，守中寓攻，攻中有守，才能取得最理想的战果。

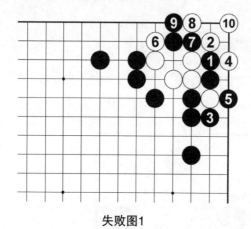

失败图1

失败图1（悬念）

黑1先爬缩小白眼位，回头黑3补棋。奈何进行到黑7断，白8可强扳，并以白10虎做出缓一气劫。

黑7如下8位尖，看似可以净杀，但白照样有抵抗手段，具体着法就留个悬念，请读者自行思考。

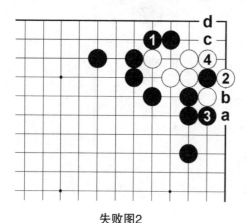

失败图2

失败图2（钥匙）

黑1拉回，感觉向角上挺进更方便，但结果还不如前图。白2一路打妙手，以下黑5可按黑a、白b、黑c的次序，或单下d位飞，都是紧气劫。

白2如二路打，则黑会立多送一子，这是打开成功之门的钥匙。

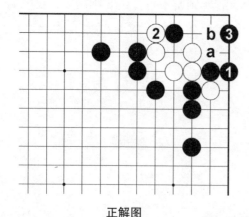

正解图

正解图（潜行）

由此可知，黑1一路立防守是妙手。所谓妙手偶得之，是运用逻辑思维推理的必然结果。

白2只能转于左边挡断，黑3一路跳进攻，和黑1构成潜行二人组。白虽有a、b两处先手，眼位还是不够，只能接受被净杀的结局。

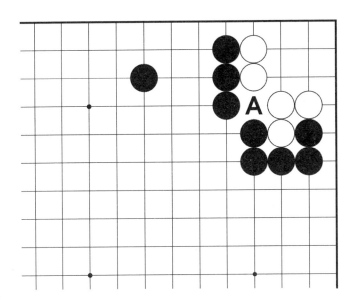

问题图（泥柜角）

　　和金柜角相比，本题白角少了A位白子，从连接的角度而言，还不是完整的一块棋。

　　如此白角虽不能说是弱不禁风，但抗打击能力大大减弱，只能叫作泥柜角。

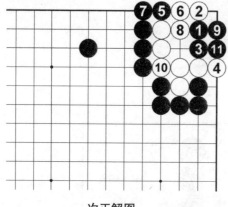

次正解图

次正解图（吹毛求疵）

黑1点毫无疑问，白2托是模仿金柜角的下法，也是最强应手。

原著中黑3向白2托的反方向顶，以下至黑11团，白虽然被聚杀，但白10位使黑外围产生断点，这个担心是否为吹毛求疵呢？

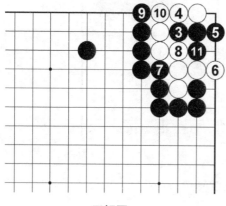

正解图

正解图（精益求精）

从精益求精的角度出发，黑3应该在托的同方向顶。

以下黑7、9先将外围味便宜占尽，黑11再团做成聚杀，方称完美。

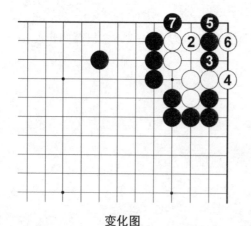

变化图

变化图（内部、外部）

白2如顶，没有下出最强应手，以下黑5如下7位扳，则还原成次正解图。

此时黑5立，从内部动手优于从外部压缩，白6防止被眼杀。黑7再扳,白局部都已应不动，否则成后手死。

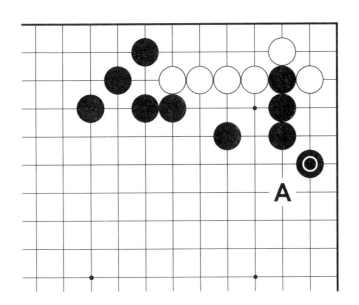

问题图（移形换位）

黑先，本形的结论是白被净杀，并无问题。

值得研究的是，若是把黑◉子换到A位，结果又会是如何呢？

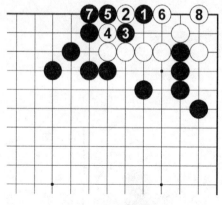

失败图

失败图（期待落空）

黑1大飞次序错误，白不按黑的期待单下6位顶，而是先以2靠、4冲定形，回头再下6位顶。

黑7不得不粘，眼睁睁看着白8补活。

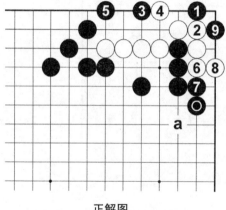

正解图

正解图（堂而皇之）

黑1点必然，以下至黑9扳，杀白成盘角曲四，这是流传多年的经典杀法。

美学棋士会对黑◉子愚形产生不满，故后世的改编题就把该子换到了a位，以净杀的结果，堂而皇之见诸各种围棋书籍。

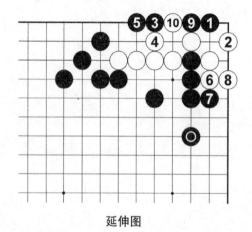

延伸图

延伸图（愚形）

但见白2一路虎韧性十足，并以白4二路虎顶下出愚形的妙手。现在黑◉子使不上劲，只能接受劫争的结果。

本图的下法，来源于吴振宇、沙砾两位老师的研究，在此向两位致敬。

3 对杀篇

第1题

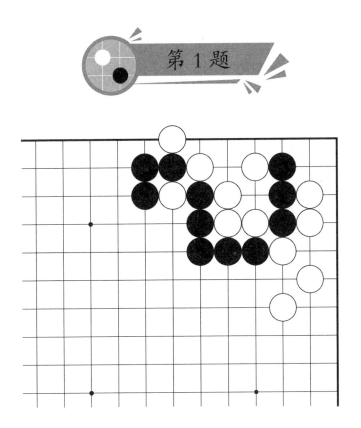

问题图（正本清源）

黑先，本题常见于各种围棋书籍，但讲解都不够全面，有正本清源之必要。

从围棋胜负的本质出发，炫目不如朴实。

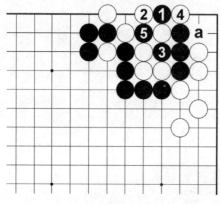

次正解图

次正解图（炫目）

保留打吃，黑1单扳是炫目的手筋，此时切不可下a位拐，如此撞气成劫争。

进行至黑5提，白三子被吃通，这是流传已久的答案，为何说它只是次正解呢？

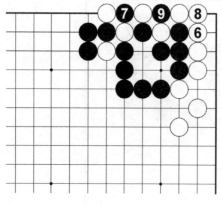

次正解图续

次正解图续（战果）

白6挡收拾残局，黑7、9连提痛快，白对连环劫并无抵抗。

激情过后盘点战果，黑提白六子，局部12目很清楚，请和下图比较。

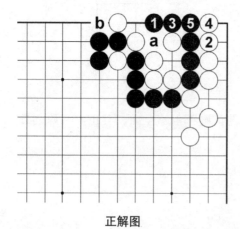

正解图

正解图（朴实）

保留打吃，黑1单点是朴实的手筋，至黑5粘局部定形。以后白a则黑b，对杀黑胜没毛病。

淡定之后清点战果，同样的边界内黑成13目，更直观的比较是黑多占了5位这个交叉点。如因此而半目险胜，岂不快哉！

第 2 题

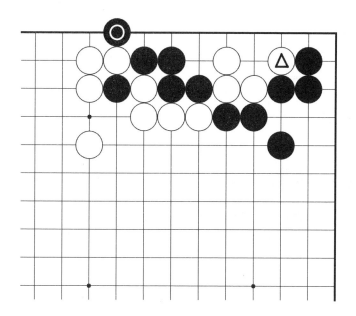

问题图（平添变数）

　　黑先，主体是黑曲四和白曲三的对杀，两侧多了黑⊙子和白△子两条尾巴，这使结局平添变数。

　　发挥黑⊙子作用，限制白△子作用，是成功的不二法门。

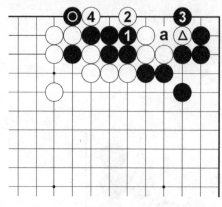

失败图

失败图（对比鲜明）

　　黑1二路团笨拙，被白2简单扳杀。

　　黑3无法直接下a位紧气，白△子得意洋洋，作用显著；而对白4扑，黑◉子垂头丧气，形同虚设。

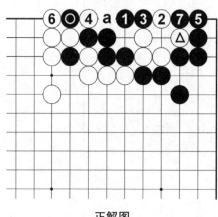

正解图

正解图（成仁取义）

　　黑1一路尖灵巧，白2做眼延缓黑进攻的速度，以发挥白△子作用。

　　进行至黑5立，黑◉子使白无法下a位紧气，即使被白6提掉，也是成仁取义，黑7得以打吃快一步杀白。

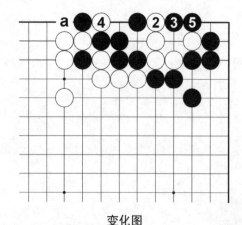

变化图

变化图（断绝念想）

　　白2如挡，黑3点而不是打，断绝白打劫的念想。至黑5打，局部还是以黑胜而告一段落。

　　白6切不可下a位提子，如此会落后手，这也是白不如上图的原因。

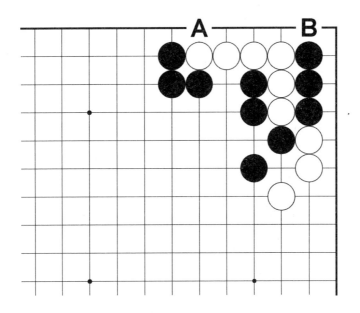

问题图（地利）

黑先，黑角上三子四气，白边上六子五气，黑A则白B，简单被杀。

黑唯一的依仗在于地利，利用角端特殊性，有反败为胜的妙手。

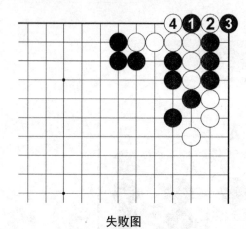

失败图

失败图（撞墙）

黑1扳，攻彼顾我，方向正确，手法错误。

白2扑，迫使黑3提一头撞向墙角，白4再打，劫争已然在眼前。

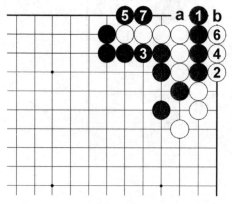

正解图

正解图（理论基础）

黑1立到和白对杀的这一边，发挥地利优势，是值得铭记的手筋。至黑7止，白两边不入子被杀。

白a位不入是因公气，b位不入是因被对方占一·二位，自己下一·一位就不方便，这也是对杀中一·二位多妙手的理论基础。

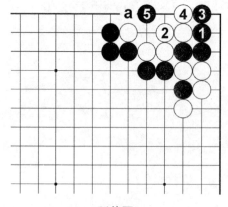

延伸图

延伸图（双陷阱）

类似的对杀局面，黑1拐、3立一路到底，黑3如扳就掉进第一个陷阱，白扑后成劫。

白4挡，寄希望于第二个陷阱，黑5点清爽，若于a位打，则白占5位挡打，又是劫。

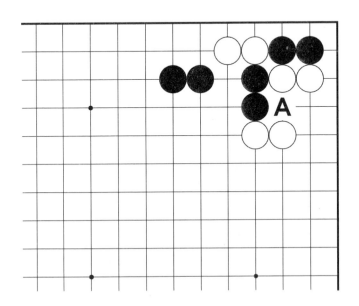

问题图（钥匙）

黑先，角端两子三气，和白边上两子四气的对杀局面，非运用长气技巧不可。

白A位的缺口，是黑开启胜利之门的钥匙，次序的微妙之处需细细品味。

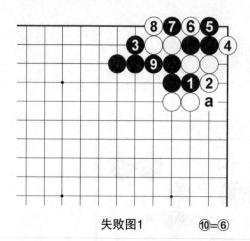

失败图1   ⑩=⑥

失败图1（淡定）

黑1先手冲后，黑3单紧气，如此淡定是看到黑5曲，白有a位断点两边不入。

白6扑是化解虎口不入的常法，被拖入劫争的泥潭，黑就无法保持从容优雅。

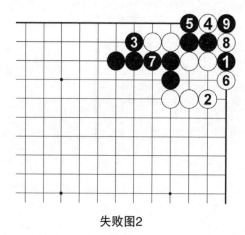

失败图2

失败图2（最佳手段）

黑1先扳，被白2双顺势加强外围，黑还不如前图。如果对杀因此而获胜那也罢了，但白岂肯善罢甘休，4位夹是最佳成劫手段。

白4如下5位扳也成打劫，不利之处在于劫负后目数不利，等于加重了劫争的负担。

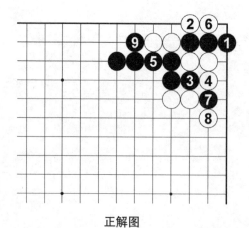

正解图

正解图（微妙之处）

和上题相比，黑1是反方向的立，至黑9挡，同样是制造两边不入子的流程。

请体会，黑3冲不能保留。而出于保留劫材和变化，实战中白6不会马上定形，那么黑7还不舍得断，使白加厚，这就是次序的微妙之处。

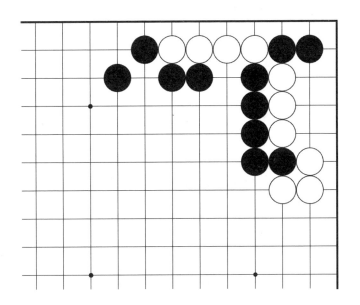

问题图（应用广泛）

黑先，和上题是同一个类型，需要运用长气对杀的技巧。

请留意白右侧三子加断点的组合，本形的手筋应用范围广泛。

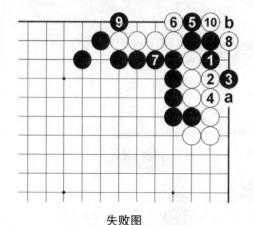

失败图

失败图（双误）

黑1拐、3打，先在右侧取得先手利，再于左侧5位立，以为白无论从哪边都难以紧气。

白6、黑7双误，白8托、10扑成劫。白6应在a位紧气，如此成劫；黑7当于b位做眼长气，白被净杀。

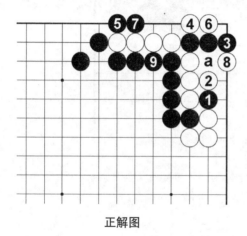

正解图

正解图（伏笔）

黑1先断，黑3再立一·二位，是绝对的次序。至黑9紧气，白a位不入，这就是当初黑1断下的伏笔。

试想有白a位挡后，黑再断1位，白就会在一路打，黑无法长气。

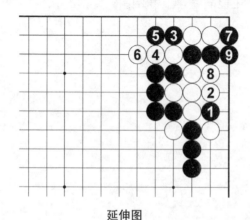

延伸图

延伸图（加藤小林）

本图取材于两位日本超一流棋手的对局，加藤正夫下出黑1断，技惊四座，实战小林光一只能应在8位打，委屈求全。

如白2打不甘示弱，黑3断打即可出棋，至黑9粘，黑1断的伏兵效果非常明显。

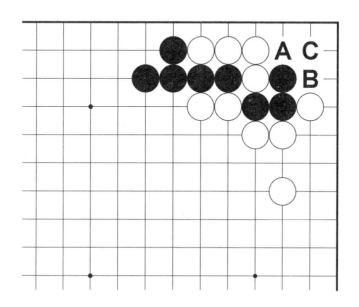

问题图（综合运用）

黑先，本形为前面几题知识点的综合运用，亦可视为升级版。

黑A位挡不值一提，黑B位挡也不行，白都是应在C位夹，并无对杀可言。

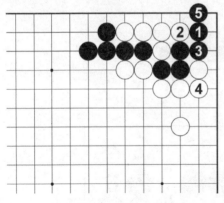

梦想图

梦想图（重现）

从前面的提示可知，柔软的黑1尖很可能是正解，以延缓白的攻势。

白2从左边打吃轻率，黑3粘，白4也得粘，黑5立手筋重现，对杀黑简明取胜。

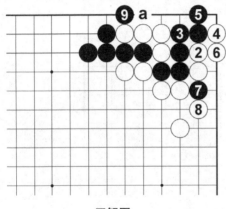

正解图

正解图（平复心情）

白2从右边打吃，是正常的下法。以下黑5曲立渡过难关。白6粘逼迫黑7断施展苦肉计，将己送厚，以平复对杀失利失落的心情。

白6下a曲立做缓气劫最强，黑很有可能脱先，逼着白主动扑劫。

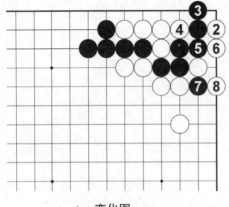

变化图

变化图（妙味）

如果非要马上打劫，白2单托更有妙味，心中的小期待是黑3下4位团，则白下3位扳，形成对自己有利的轻劫。

黑3立正应，紧扣长气主题，白4以下虽能成劫，但白负担太重，实难下此决心。

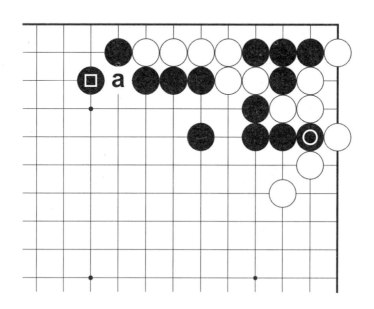

问题图（明星队员）

黑先，黑◎子引人注目，将白形挤出好几个断点。有这位明星队员助阵，哪怕看上去黑三气对白五气，黑也有信心在对杀中上演绝地反击。

原著题目设计有不合理之处，现将黑◎子的位置由a位粘改成了虎，以避免歧义。

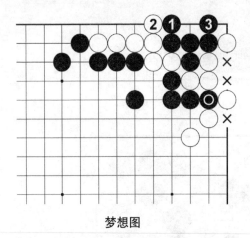

梦想图

梦想图（暗气）

黑1立和白2挡是令人啼笑皆非的组合，黑3做眼是福至心灵的一手。有黑◉子存在，黑有×处三口暗气，（2+3）>4，黑快一气胜出。

当然白2会下3位扳，黑气不够，本图的意义在于导出正解。

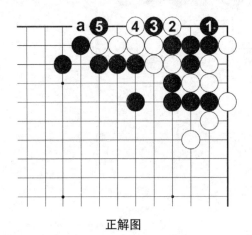

正解图

正解图（逆风翻盘）

由此不难得出结论，黑1应直接立一·二位，白2扳，则黑3扑、5扳是次序，不给白生变的机会。白加上a位暗气，也就四口气，而黑气和前图一样，还是五口气，黑得以逆风翻盘。

白4如下a位扳顽抗，只是缓两气劫，黑全然不惧。

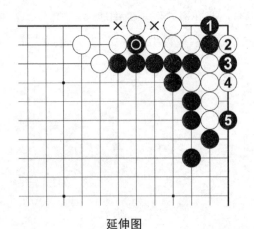

延伸图

延伸图（教条主义）

本题亦见于《棋经众妙》，黑1立是同样的手法，原理可见◉、×这两个符号标识。

黑1如按本章第3题，下2位立在与之对杀的白子一侧，则被白下1位扳杀，教条主义要不得。

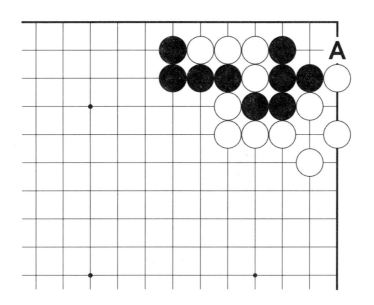

问题图（碾压）

黑先，请不要轻易否认黑A位打的下法，如果劫材非常有利，黑就以绝对的实力碾压一切技巧，目数是围棋的根本。

当然一般情况下，黑还是要免劫争，毕竟此劫是黑重白轻。

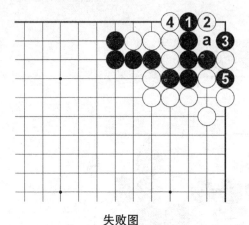

失败图

失败图（机械反应）

前面类似题目看得太多，黑1立是机械反应，忘了用计算验证。白2欣然靠入，劫争已无法避免。

或许黑以为白2会下a位紧气，如此黑可下2位打，制造白两边不入子。

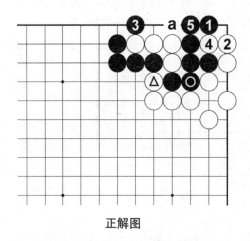

正解图

正解图（完美展现）

从前面两个变化可知，黑1尖是制造不入子的要点，至黑5粘得以完美展现。

棋形整体左移一路，白△子和黑●子互换位置，两边不入子消失，但黑5可下a位做回提，对杀手筋演变成官子手筋乃至死活妙手。

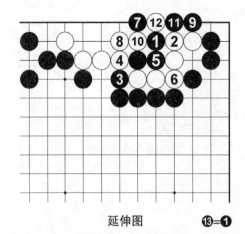

延伸图　　⑬=❶

延伸图（掉以轻心）

本题亦见于《棋经众妙》，前面几手双方无变，黑7倒尖就是前面所说的死活妙手，白掉以轻心的结果就是被全灭。

白8应于12位扑，以劫抵抗。

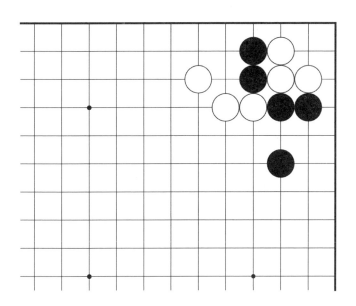

问题图（难以下嘴）

黑先，黑两子和白三子对杀的局面，白占据了角的有利地形。

看上去黑白都是三气，面对美味佳肴，黑却有难以下嘴的感觉。

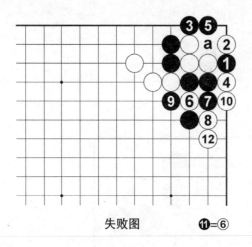

失败图   ⑪=⑥

失败图（望尘莫及）

如果黑右边足够坚固，黑1扳、3打下法狂野，可以一举击溃对方。

但现在黑右边是薄形，白6挖后以滚打出头，黑虽有a位先手打，但后续乏力，成望尘莫及之势。

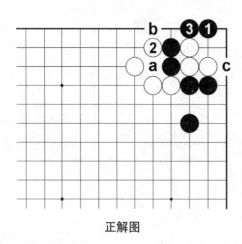

正解图

正解图（灵动）

黑1点着法灵动，不急于直接紧气，白2尖正应。黑3拉回，将角地有利地形化为己有，只给白a、b处收气之利。

白2如于3位挡断，则黑可c位扳，对杀黑胜不变，因收气情况变化，白反而亏了目数。

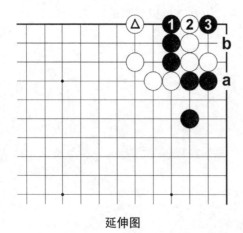

延伸图

延伸图（天时之利）

再加个白△子，白地利人和兼而有之，黑则有先下的天时之利。黑1立沉稳，白2挡则黑3靠杀。黑1若还在3位点，则白于1位扳，以滚包杀黑。

白2若于a位扳反抗，黑b位点即化解，但能判定白无计可施吗？

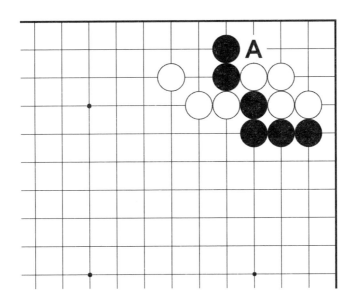

问题图（各有利弊）

黑先，前一题的改装版，黑形不变，而白形有变。

白角宽了一路是其有利之处，而A位没挡住，漏风是其不利之处。

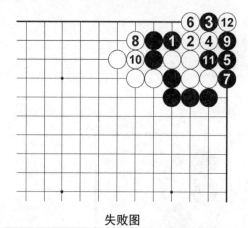

失败图

失败图（慢了一拍）

黑1拐笨拙，白2挡后，白角有利之处尚存，而不利之处消失。黑3点争地利，已慢了一拍，至白12提，成黑负担甚重的劫争。

过程中，黑5如下6位拉回，白在5位做眼，黑更不利；而白10有可能脱先，黑更无趣。

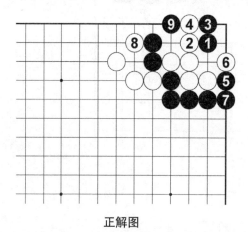

正解图

正解图（分享）

黑1点明快，要求和白分享地利；黑3立厚重，不过黑扑劫的机会。

有此两手，以下只是例行公事，双方依次收气，至黑9尖止，黑成为对杀的胜利者。

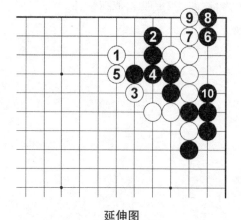

延伸图

延伸图（飞刀）

本型是黑高目定式飞刀的变化，白1先点、白3再装倒扑是好次序，得以在左边形成完整封锁。

白角虽然又宽了一路，黑6点、8立是同样的手法，黑10爬后，黑照样在对杀中获胜。

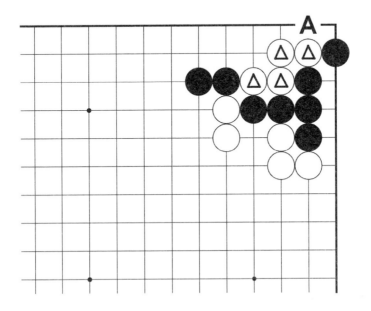

问题图（揭开封印）

黑先，角端对杀中，如果整体向边上左移一路，黑A位扳是对付白△四子愚形的的对杀要点。

虽说现在如此操作明显成劫，这个扳仍然不失为要点，只不过不能马上下，就像孙悟空被压在五行山下，等待唐僧揭开封印。

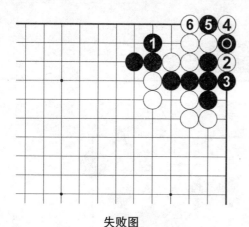

失败图

失败图（贴身肉搏）

因为黑◎子扳已经占据角端对杀要点，黑1立缓攻，白如收外气，明显是黑四气对白三气。

白岂肯束手待毙，白2、4连扑，和黑展开贴身肉搏，两手劫也令黑头痛。

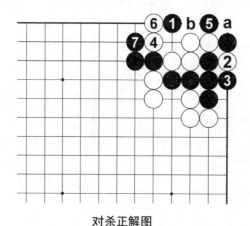

对杀正解图

对杀正解图（另有妙策）

黑1一路飞点巧妙，白2可扑一下，却无法下a位再扑。白4扳抵抗，黑5扳就是唐僧揭开了封印，黑7再跟着白6下即可。黑5如单下7位，则白b位挡，成双活或打劫。

如果是实战，白另有妙策。

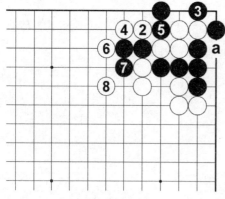

实战正解图

实战正解图（善败者不乱）

白2单扳，还嫌弃前图a位扑损目，待黑3扳，白4爬体现了善败者不乱的深厚功力。

黑5固然可以断吃白四子，只见白6、8一打一枷，包扎好自己伤口，局面广阔充分可战。

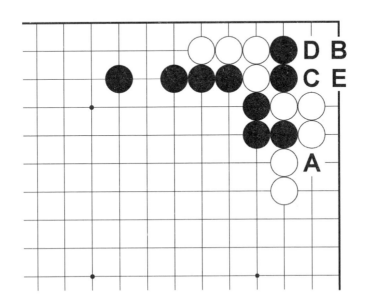

问题图（无限活力）

黑先，白A位断点赋予黑角上两子无限活力，使黑在对杀中处于有利地位。

黑下B位跳是错觉，白C黑D交换后，黑如愿走到前面几题中的立，但白可挡在E位，不存在两边不入子，这个立就此报废。

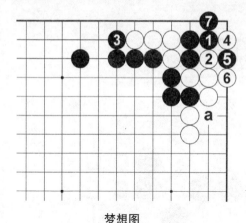

梦想图

梦想图（昔日重现）

黑1愚形曲二·二，使角上黑子产生韧性，并以黑5扑使白a位断点得以显现。黑7立后，还原成第6题的场景。

其实过程中，白有两次机会可逆转局势，你发现了吗？

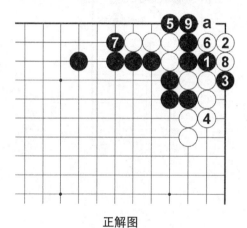

正解图

正解图（功勋）

跳和曲都不行，黑1挡大大方方，才是最佳下法。白2点入，黑3先手扳不可错过，再以黑5扳，防止白在同处扳的打劫手段。

至黑9粘止，白a位不入子，就是黑3扳的功勋。

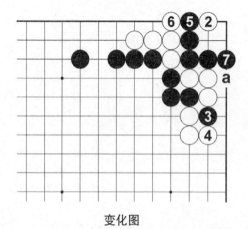

变化图

变化图（权衡利弊）

白2从另外一边点不得不防，至黑7立是常规变化，无论黑3还是黑5切不可走a位，否则成紧气劫。

黑3断有加厚白之嫌，又担心以后下不到，这是权衡利弊后的决断，以加重白6于7位扳，做缓一气劫的负担。

第 13 题

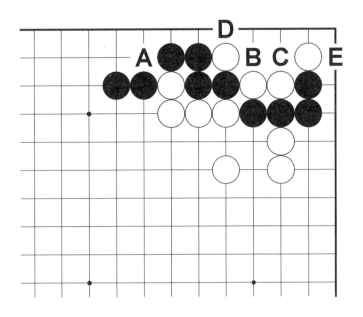

问题图（拖后腿）

黑先，和前题相反，这次轮到黑苦恼，被A位断点拖后腿，进攻的方向和进攻的手法，只要有一个出错，角上劫争就不可避免。

黑B、白C、黑D的次序明显不行，就当复习白E立的手法。

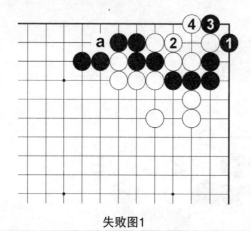

失败图1

失败图1（背锅）

按攻彼顾我的棋诀，黑1从角端扳，围棋十决可不背这个锅。

白2粘后弹性十足，对黑3打，白4反打做劫就是弹性的表现。受a位断点牵累，黑3如点在4位，等于奉送白有眼杀无眼的机会。

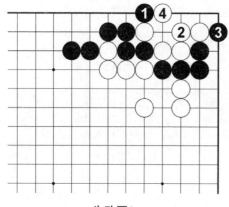

失败图2

失败图2（海棠依旧）

黑1一路打有妙味，妙在间接消除前图中白2粘的抵抗。但白2换个位置粘，白4换个位置反打，依旧是劫争。

看来，问题的关键是，如何消除白在两个二路粘的抵抗。

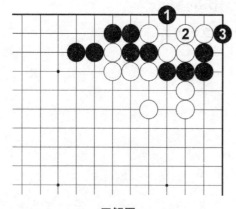

正解图

正解图（无需多言）

黑1一路点闪亮登场，白2粘右边要好一些，但黑难道会错过3位扳？

前面已做了足够的铺垫，无须多言。

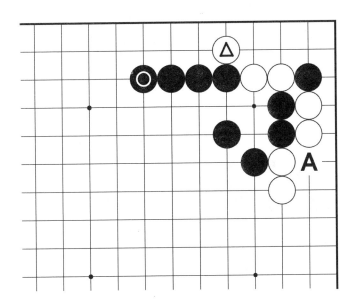

问题图（孤胆英雄）

黑先，如果单是黑角端一子和左侧白两子的角逐，黑可轻松胜出，但多了个白△子，黑还能演绎孤胆英雄的传奇吗？

和前两题一样，白A位有个断点，并在原著基础上增加了黑◉子，黑可借此消除白的最强手段。

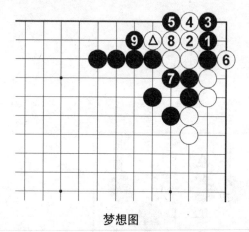

梦想图

梦想图（怒其不争）

黑1长必然，白2挡，黑3立避劫，黑5靠使白△子失去作用，白6扳只是做个图示而已。黑3如下4位扳或5位点，白都于3位扳成劫。

此为原著正解，对白只能说是哀其不幸，怒其不争。

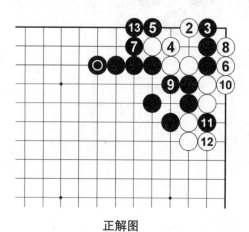

正解图

正解图（花瓶）

白2跳奋起反抗，黑3挡、白4粘是精彩的一个回合。黑5一路托是妙手，击碎了白做劫的企图，并以黑11断（问题图中A位），长一气杀白。

到现在还没看到黑●子有何作用，难道只是个花瓶吗？

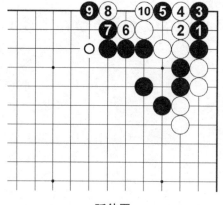

延伸图

延伸图（周旋到底）

去掉●位黑子，原著正解中的白2挡还真是最强手段，只不过中途掉了链子。

白6爬、8扳是容易忽略的手段，硬是做出缓一气劫，誓与黑周旋到底。

第 15 题

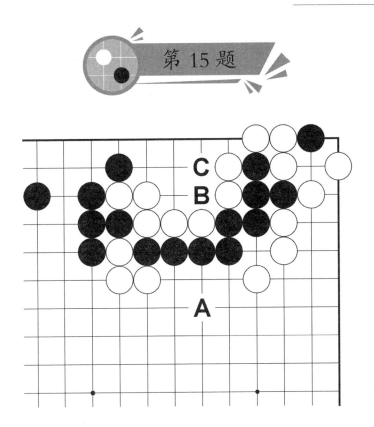

问题图（妙入毫巅）

黑先，如果单纯在A位跳出头，就无法体现本形妙入毫巅的境界。

黑第一步无疑是B位断，但无法期待白C位打，如此和妙入毫巅很远，和平淡无奇很近。

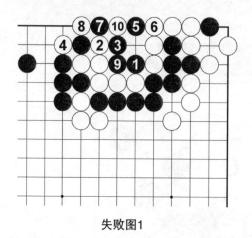

失败图1

失败图1（劳而无功）

黑1唯有断，白2只能挡，黑3尖进攻白左侧六子，过于直接。哪怕白4断打失误，黑也只能争取到劫争的机会。

更何况，白4如下7位立，黑将劳而无功。

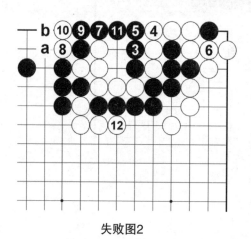

失败图2

失败图2（安乐死）

黑3打无须保留，但黑5再打是出于惯性，而不是源于计算。黑9粘甘愿安乐死，失去了打劫拼命的机会。

至白12紧气，有a、b两口暗气，白正好快一气杀黑。

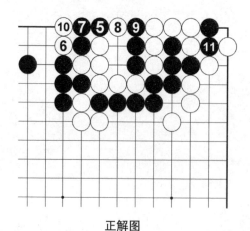

正解图

正解图（返璞归真）

黑5单扳妙，白6打，黑7粘若无其事。因黑保留9位打没撞气，白8只有内打，外打毫无意义。

黑9此时再下，以最基本的双打解决了这个高难度的课题，就像大棋迷金庸笔下的乔峰，以最简单的太祖长拳在聚贤庄大战群雄，返璞归真。

第 16 题

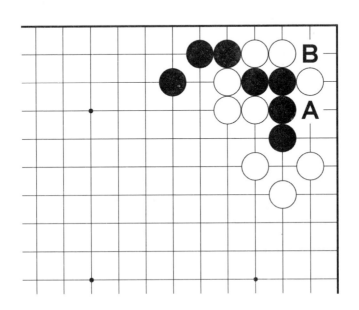

问题图（大头鬼）

黑先，黑A位挡和白B粘交换，无疑是自绝生路。

是时候让大头鬼重出江湖了，让白在手筋的冲击下瑟瑟发抖。

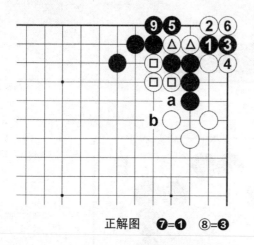

正解图 ⑦=❶ ⑧=❸

正解图（突发奇想）

黑1断，棋逢断处巧妙生，至黑9粘，白△两子棋筋已经被吃通。

考虑到以后黑a冲，唯恐白b退，放弃白⊙三子，黑突发奇想，认为在黑1动手前，黑a先冲好次序。

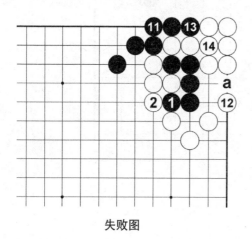

失败图

失败图（眼高手低）

黑1冲，此时白2必挡，回头黑再在角端动手，进行到黑11粘，黑以为得计。

白12小尖妙手，令黑痛感自己的眼高手低，因黑1撞气，黑a扑已不再成立。

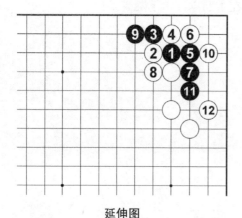

延伸图

延伸图（本型由来）

白星位单关加小尖是稳固的防守形，黑1托无非是想占点便宜。

行至黑9长，不顾自身立足未稳，白10、12猛扑过去，露出破绽，就形成了问题图的局面。

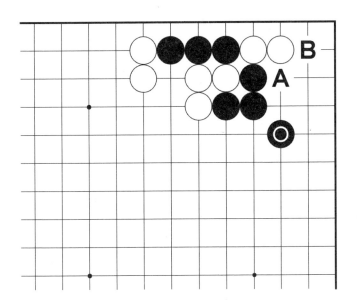

问题图（应用型）

　　黑先，黑A位贴紧气笨拙，白B位长后已经无对杀可言，黑⊙子在旁边干着急，而且沦为愚形。

　　说穿了，本题只不过是大头鬼的应用形。

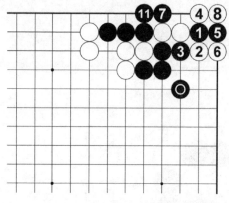

正解图 ⑨=❶ ⑩=❺

正解图（拦住去路）

黑1当头一顶，拦住白之去路，有黑◎子在前方，白2唯有扳，黑3断后还是大头鬼的杀法。

如果觉得这个变化太简单，那就设想黑◎子的位置发生变化，又会如何呢？

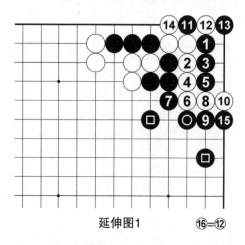

延伸图1 ⑯=⑫

延伸图1（贴身作战）

把黑◎子向外移动一路，同时增加两个黑▣子帮手。黑1顶还是要点，不如此紧凑，黑气不够。

接着黑3以下贯彻贴身作战的原则，行至黑9挡，白10如立，至白16提，成白先手劫。

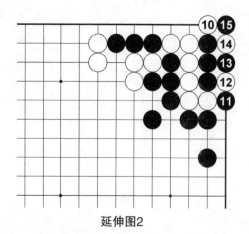

延伸图2

延伸图2（欲擒故纵）

白10若扳，看似放黑11渡，白12、14连扑接踵而至，原来是欲擒故纵。虽是后手劫，劫胜白目数稍微便宜。

如果对黑顶的杀招意犹未尽，请看下题。

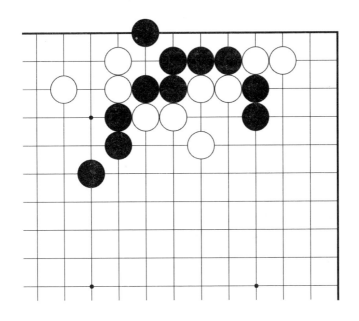

问题图（凡眼、慧眼）

　　黑先，凡眼看之，边上的黑子才四口气，难以和白角上两子或和中间五子抗衡。

　　慧眼观之，黑可通过纠缠战术，使白两侧呈兄弟打架之势，自己坐收渔翁之利。

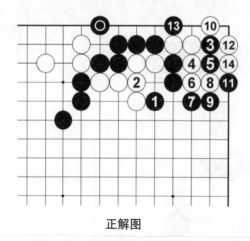

正解图

正解图（小伙伴）

黑1装倒扑，抑制住扑的冲动，先将白中间走重。接着黑3顶重出江湖，强制白出头，顺势走到黑9贴下。白4若扳，黑断后成大头鬼。

黑绕了一大圈，目的是得到黑13打吃，为黑◉子找个小伙伴，形成两扳长一气。

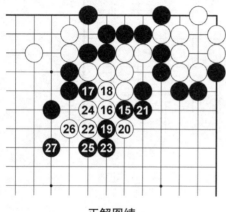

正解图续

正解图续（总攻）

黑15扳，发起对中间白子的总攻，白16反扳，黑17先手冲是重要的次序。

以下白左冲右突，直至被黑27跳枷，白终于绝望。

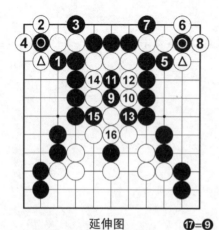

延伸图　　⑰＝⑨

延伸图（三思而后行）

本型改编于《棋经众妙》，两侧黑◉子顶和白△子扳已交换，黑1断从哪边发动无所谓，弃子获两扳长一气后，黑9挤出手，白无法摆脱被吃接不归。

再思——黑3、7打吃前，为何不多送一子呢？三思——黑1是否有更好的方法？

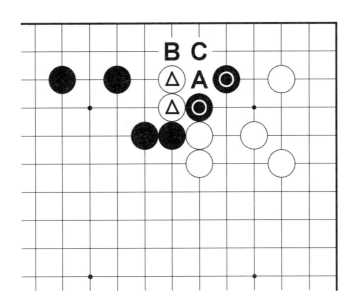

问题图（挺拔、妖娆）

黑先，相比较白△直二身姿挺拔，黑◎小尖两子身段妖娆，难以发力。

设想黑A位团，白B位立正应，切不可C位扳，如此黑第一手不难察觉。

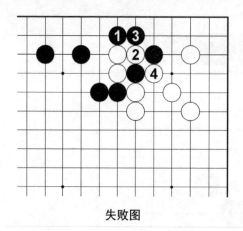

失败图

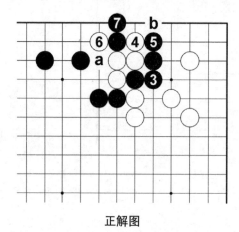

正解图

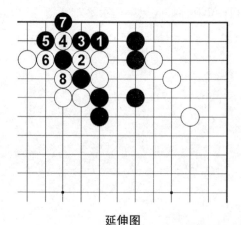

延伸图

失败图（经验主义）

通过前面的学习，黑1二路托已是常识。白2拐打虽是最强抵抗，但就结果论还不如下二路扳，坠入黑大头鬼之术也是没办法。

黑3爬满足于渡回，与其说计算乏力，不如说对常型太过熟悉，犯了经验主义的错误。

正解图（真髓）

黑3粘强硬，白4拐下，黑5贴，紧追不舍。白6打吃，黑7立多弃一子，尽得大头鬼之真髓。

黑7如于a位卡，则白可于b位扳，以劫顽抗。

延伸图（定形佳着）

这是实战攻防常型，失败图中黑3的错误即源于此。

过程中白4断反弃子，是局部定形的佳着，若于8位单提，被黑得到6位顶，白形不正。

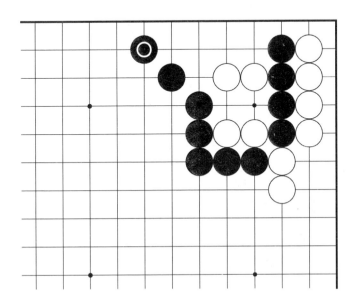

问题图（遥相呼应）

　　黑先，别看黑右侧四子孤立无援，有外围黑●子遥相呼应，可上演翻盘好戏。

　　熟悉手筋的读者，应该马上会回忆起第一手，记忆没错，计算有错。

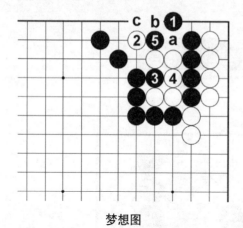

梦想图

梦想图（松紧）

原著黑1尖是此类棋形的常用手筋，白2尖形松，黑3、5冲挤形紧，白动弹不得。

白2如下a位紧挤，黑b位松长即可，若于c位跳，被白b位扑缠上，反成劫争。

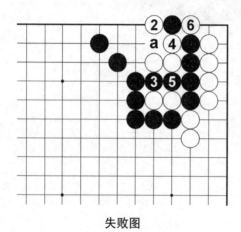

失败图

失败图（收拾残局）

对杀虽不利，白2靠是收拾残局的好手。

为求a位挖，黑3只能冲，但白4岂能上当，黑5、白6各自提子，如此黑没有取得最佳战果。

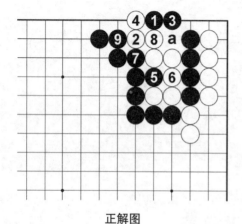

正解图

正解图（叩桥不渡）

黑1小飞最善，白2尖相映成辉，比靠在4位更有欺骗性。黑3并，尽显叩桥不渡的意境，如于4位爬则白可于3位跨。

黑5、7先冲再挤次序精准，白被一网打尽，若先挤，则给白a位打救回一半的机会。

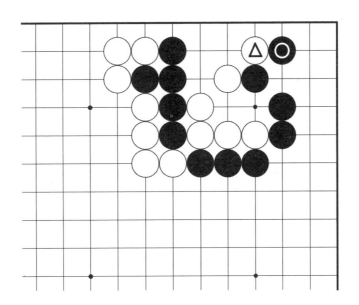

问题图（安心、安慰）

黑先，白△子扳和黑◎子的交换，使白自感安心。

拨开迷雾，黑手筋不变，白的安心沦为自我安慰。

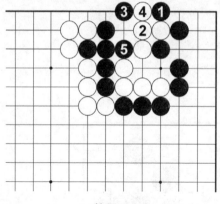

梦想图

梦想图（理屈词穷）

黑1下打，强迫白2粘，手筋的感觉甚浓，可参阅本书杀之篇前面两题。然后黑3、5尖挤是次序，已成老鼠偷油之势。

但若白不接受黑的路线图，白2下3位斜飞呢？黑已理屈词穷。

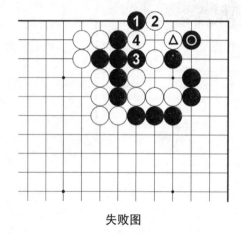

失败图

失败图（无视）

无视白△、黑◉两子，黑1尖是同样的手筋，白2顶应最强，如粘则还原成前图。

无视虎口，黑3挤紧对方气，却也撞了自己气，白4扑入，再起争端。

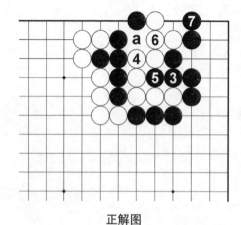

正解图

正解图（外围入手）

黑3从外围入手，看似不够生动，其实深合棋理。白4硬撑到底，至黑7立，白被全歼。

实战中，白4不如下a位打，尚能跑出一半。

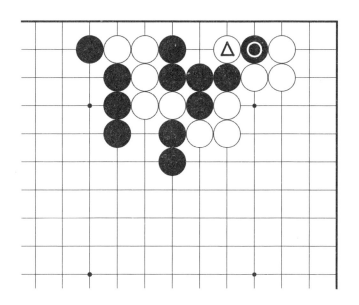

问题图（简明、简单）

黑先，白△子断打，自己三气vs对方两气，以为对杀简明获胜。
利用黑⊙子，黑有常见的长气手筋，简单杀白。

梦想图

梦想图（阴错阳差）

黑1扳，白2打，搞笑二人组。阴错阳差之下，黑3强行制造a、b两边不入子，强在a位以缓气劫支撑。

按打多不打少的原则，白2应于b位打。而且从本图结果，我们可以得到有益的启发。

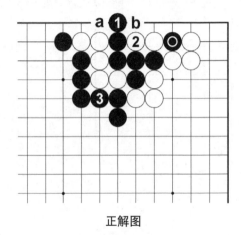

正解图

正解图（修正）

黑1立，这是对前图扳的修正，白不敢紧左边a位公气，遂于右边2位收气。

黑3跟着收气，再现黑◉子标识，白同样不敢紧右边b位之气，两边不入子那是相当清楚。

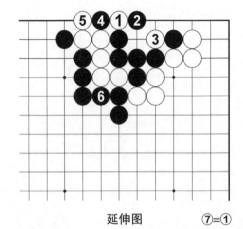

延伸图　　⑦=①

延伸图（源泉）

问题图中白△子的下法需要检讨，这种反思是棋力进步的源泉。

敌之要点我之要点，故白1先扳，白3再断是正确的次序，至白7提，双方争劫定胜负。

第 23 题

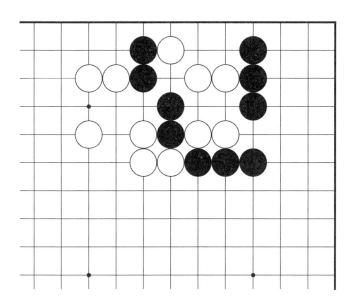

问题图（聚焦目标）

黑先，严格意思来说，黑白各两块棋，类似开放性的对杀题。

黑需要先整理棋形，以聚焦目标，一击致命。

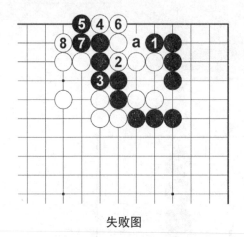

失败图

失败图（半身不遂）

黑1从外围紧气，急于投入火热的对杀运动中。没做热身就运动的结果是，被白2挤抢占双方对杀要点，黑闪腰顿时半身不遂。

看来黑1必须下2位，和白a粘交换，使黑白双方都成为完整的一块棋。

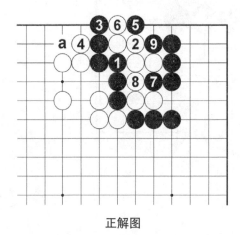

正解图

正解图（强迫）

整理棋形后，就容易发现黑3立、进而黑5托，强迫白6撞气的妙手。至黑9止，黑胜一目了然。

原著将黑3单下5位托作为正解，稍有不妥，一旦a位有了白子，白4可下3位扳，黑被反杀。

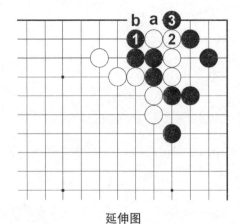

延伸图

延伸图（故作慷慨）

本题亦见于《棋经众妙》，黑1拐平淡无奇，黑3扳妙笔生花，故作慷慨给白两个选择——a位挡撞气，或者让任黑渡回。

同样，黑3下b位立，瞄着扳迫使白撞气，亦可。

第 24 题

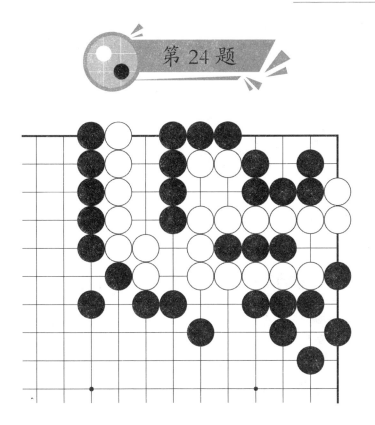

问题图（大眼瞪小眼）

黑先，黑白子数众多，并不意味着题目难度高。

张飞可以一边穿针眼，一边解答本题，因为他必须大眼瞪小眼。

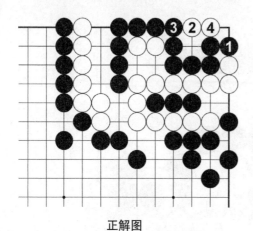

正解图

正解图（防守）

黑1挡扩大眼位，是卓有成效的防守，白2点入心情苦涩，为何呢？

黑3粘，白4还得长，黑先手成曲四大眼，白心中不安。

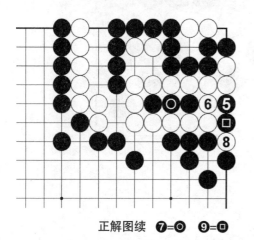

正解图续　**7**=◎　**9**=□

正解图续（进攻）

黑5长，缩小白之眼位，是行之有效的进攻手段。

白6提，黑7点杀直三眼形，白8提两子，黑9回提。至此，黑大眼杀白小眼，已经非常清楚。

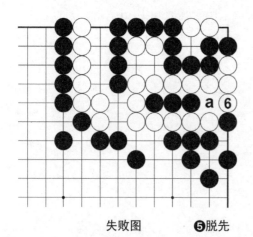

失败图　　　**5**脱先

失败图（半斤八两）

有棋友曾在微信群放出本题，好几位群友认为局部黑5不用再下，这是产生了错觉。

白6挡打后，白就不会去下a位提子，凑黑点眼。如此黑白都是大眼，曲四对直四，半斤八两，结果为双活。

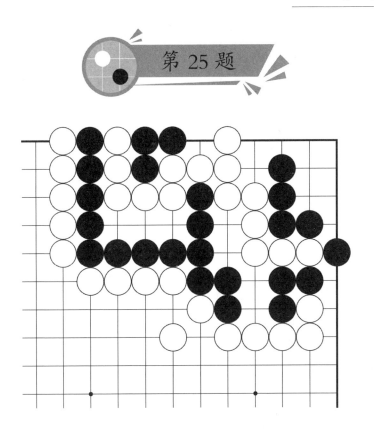

问题图（更上一层楼）

　　黑先，同样是大眼杀小眼的对杀局面，但难度高了一个等级。

　　白是四目大眼，黑唯有更上一层楼，做出五目大眼，才能在对杀中获胜。

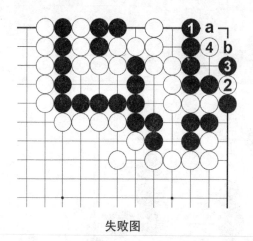

失败图

失败图（鸠占鹊巢）

黑1立扩大眼位，白有2、4扑点，以后白a逼着黑b自缩眼位，以防白鸠占鹊巢，在黑大眼里做小眼，反之亦然。如此黑四目大眼，和白平分秋色，结果就是双活。

黑1如b位跳，白先点再扑，黑还是四目大眼。

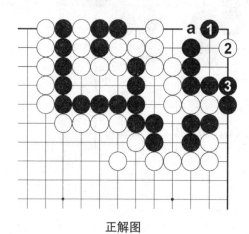

正解图

正解图（边上大眼）

黑1尖是要点，白2不点在此处，黑就净活而摆脱了对杀的低级趣味。

回头黑3粘扩大眼位，白争不到a位，黑等于做出了边上刀把五大眼，再无角上大眼气变少之忧。

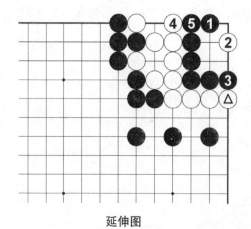

延伸图

延伸图（连环劫）

即便有白△子硬腿，黑1退守要点从容不迫，白2唯有点杀，黑3、5从两边扩大眼位，做出刀把五大眼。

对杀的结果是，黑以连环劫杀白。

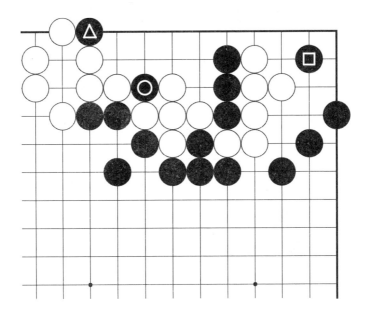

问题图（庙堂、江湖）

黑先，黑三气对白六气，高举冠军奖杯的居然还是黑方。

黑⊙子和黑▣子居庙堂之高，自然要参与到对杀中，处江湖之远的黑▲子，也至少能做到不添乱。

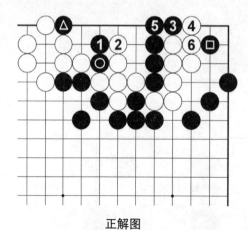

正解图

正解图（迫不及待）

黑1立引出黑◎子，接着黑3、5扳接，迫使白6粘撞气。

黑▣子的功效已经显现，黑◎子已经迫不及待，要展示自身价值。

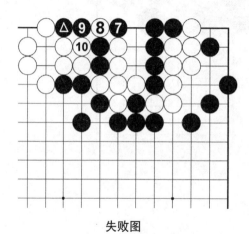

失败图

失败图（满腹委屈）

黑7扳急于立功，却遭到白8扑的妙手回击，黑△子起了反作用，黑仅仅长了一口气。

黑△子被指责为猪队友，满腹委屈，那是黑7的错，不是我的错！

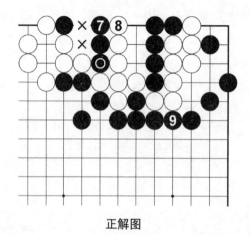

正解图

正解图（侠客行）

黑7立，再多送一子，就使黑多了×处两口暗气，黑9收气即可获胜。

从最初的黑◎一子，到最后三子都弃给白方，正如李白《侠客行》有云：事了拂衣去，深藏身与名。

第 27 题

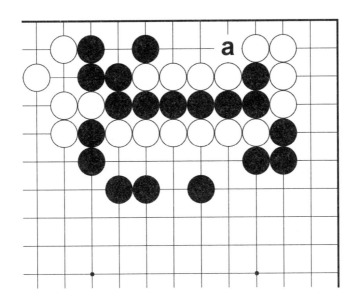

问题图（扩大优势）

　　黑先，白气虽有五口之多，但黑边上有长气余地，对杀绝非无望。

　　利用白a位断点，黑可扩大有眼的优势，先手宽出五气。

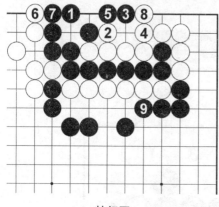

梦想图

梦想图（忠厚）

黑1单做小眼，白2挡过于忠厚，触发了黑3点的妙手。白4粘，黑5拉回后，借打二还一可长出一气，对杀白失利。

白2应下5位跳，如此黑就干巴巴一只眼，将被净杀。

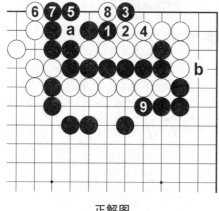

正解图

正解图（弥足珍贵）

黑1爬正着，白2必挡，黑3会先手打，自然会对白8扑置之不理，黑a的眼位显得弥足珍贵，对杀黑胜。

这个结果白非但左边不厚，角上如被黑在b位扳到，还有被做出双活的可能。

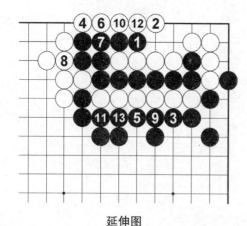

延伸图

延伸图（别出心裁）

棋形向角端移动一路并稍作修改，黑1爬时，白如按上图进行，白角还得后手活，故白2跳别出心裁。黑3单紧气大意，结果被白角边连通，取得意外的战果。

请思考，黑应如何反击？

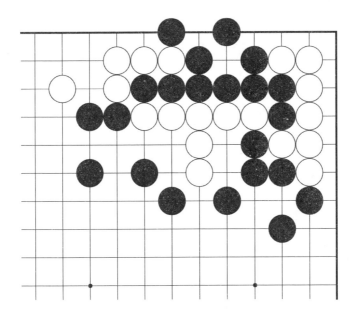

问题图（瑕疵）

黑先，和前一题相比，黑一眼已经明确，只要一心一意长气就行。

原著净杀结论正确，但手法稍有瑕疵。

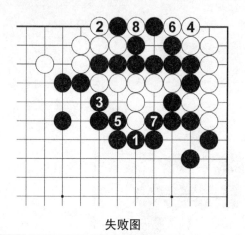

失败图

失败图（熟视无睹）

黑1单紧气，对白左边的缺陷熟视无睹，白2赶忙从左边挡打，不给黑机会。

以下双方按部就班收气，至白8提，成白先手劫，黑失败。

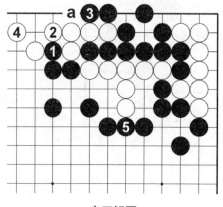

次正解图

次正解图（反思）

黑1冲、黑3爬是原著的次序，白4显然不敢下a位挡打。黑5紧气，白6如再下a位，已慢了一步，黑有打二还一，可长一气杀白。

需要反思的是，黑1冲有必要吗？

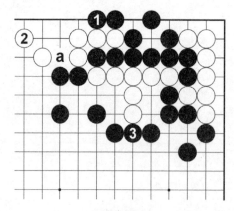

正解图

正解图（有利无弊）

保留a位冲的绝对先手，黑1单爬韵味十足，白2、黑3位置不变，黑对杀胜不变。

不下a位冲，黑非但没撞气，还多了个劫材，而白眼形变差，黑有利无弊。

连 断 篇

第 1 题

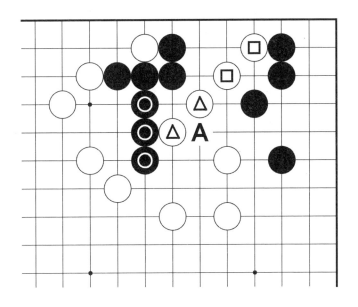

问题图（导火索）

　　黑先，白△两子小尖形，紧贴在黑◎三子铁壁上，A位的挤显然是最后的引爆点。

　　如能看到白☐两子也是小尖形，那么点燃导火索的第一手就在眼前。

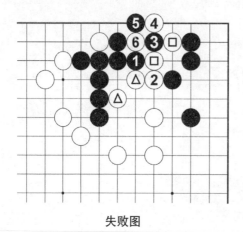

失败图

失败图（水到渠成）

黑1挤在白上下两个小尖的中间，强调下一步两点见合，思路非常清楚。白2粘，则黑3再挤，做劫求渡。

既然都算到了这一个手段，沿着正确的方向再往前一小步，那么成功不就水到渠成吗？

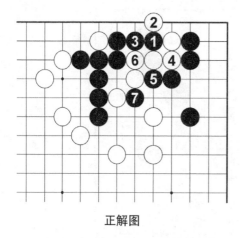

正解图

正解图（引爆）

黑1单挤二路，保留种种变化，是赏心悦目的一手。受制于黑6位挤的先手，白2无法下3位打，如图下打是最强抵抗。

行至白6粘，黑7挤成功引爆，白被反杀。

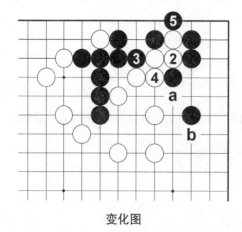

变化图

变化图（止损）

见事不可为，白2粘止损，与其说是变化图，倒不如说是实战正解图。

有利之处在于迫使黑3挤和白4粘交换，黑5虽得渡，白以后有a位打乃至b位靠的先手，而不至于颜面尽失。

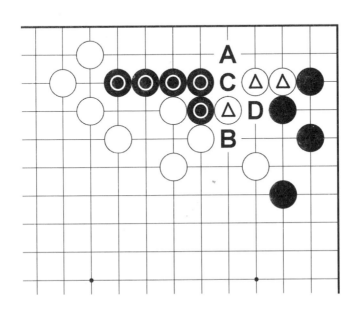

问题图（催化剂）

黑先，白△三子横亘于黑◎五子归家的必经之路上，二路A位尖只是平淡的物理反应，无法成活。

利用B位断点以激发强烈的化学反应而盘渡，是黑求生的唯一之法，而C、D两挤是必不可少的催化剂。

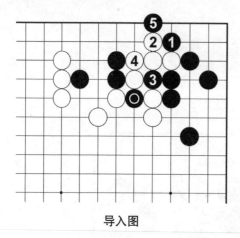

导入图

导入图（提示）

本题亦见于《棋经众妙》，黑1单扳，保留3、4两点的先手挤，至黑5一路反打，成功渡回。

动手之前，黑⚫子已列于盘上，这是对解答问题图强有力的提示。

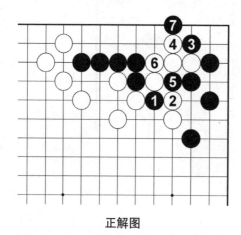

正解图

正解图（依样画葫芦）

黑1断是必要的准备工作，和白2打交换后，以下至黑7一路反打盘渡，只是对着导入图依样画葫芦，谁不会呢？

而悬念在于，问题图中C位挤始终没能出现，别急，请看下图。

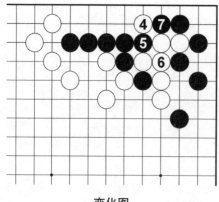

变化图

变化图（痴心妄想）

白4不挡而是尖，企图分断黑两边，只是痴心妄想而已。

另外一个方向的黑5挤，闪亮登场，白只能弃掉新鲜出炉的白4之子，反遭损失。

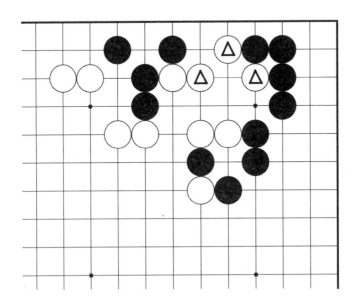

问题图（短兵相接）

黑先，白△三子形成虎连的薄形，短兵相接之际足以致命。

更有白三路和四路的联络也显单薄，两处组合利用之下，黑盘渡并非难事。

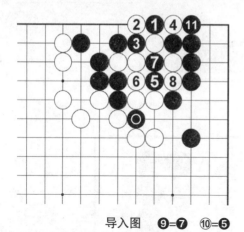

导入图 ❾=❼ ❿=❺

导入图（化为春泥更护花）

本题亦见于《棋经众妙》，黑1、3扳断，辅之以黑7、9连扑，促白气紧，至黑11打已顺利连回。

无论被提吃的黑子，还是尚存于盘上的黑◉子，都为掩护主力部队脱险，尽显"落红不是无情物，化为春泥更护花"的凄美意境。

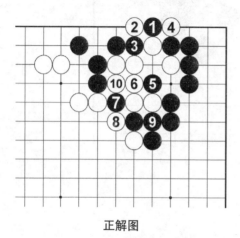

正解图

正解图（初露端倪）

黑1、3扳断，再以黑5扳入，和前图如出一辙，黑盘渡已初露端倪。

白6挡，黑7挖再弃一子，次序精妙，不给白回头机会。

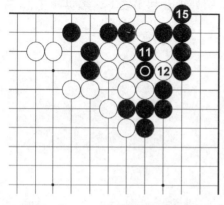

正解图续 ⓭=⑪ ⓮=◉

正解图续（进行到底）

黑11再扑，将弃子进行到底，至黑15挡打，黑不仅连回，还将白折腾成一团，大成功。

上图黑7如单扑，白8会于9位断打以止损，黑未免美中不足。

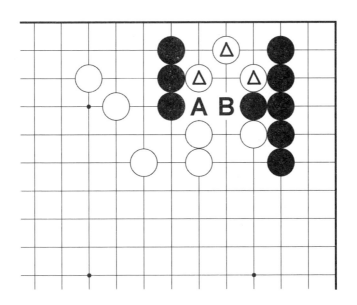

问题图（灵感）

黑先，A、B两冲是绝对先手，这种王牌不宜轻易使出。

再看白△三子的形状，足以触发黑第一手的灵感。

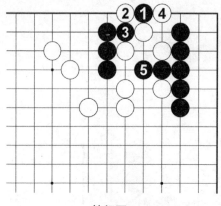

梦想图1

梦想图1（左右同形走中间）

　　黑1托，左右同形走中间。白2于左边扳打，抵抗不力。

　　黑3先手断打后，黑5使出右边冲的王牌，白不仅无法阻渡，还被留下四子。

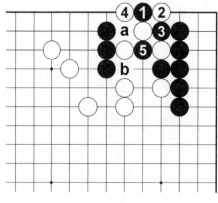

梦想图2

梦想图2（不给力）

　　白2换个方向于右边扳打，黑3还是断打，白4提子，抵抗不给力。

　　黑5提子使a、b两点见合，白不仅无法阻渡，还共计被吃四子。

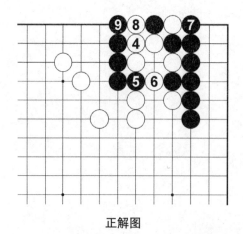

正解图

正解图（虚幻、现实）

　　白4团是死活题中的最强抵抗，强在有迷惑性，能使对方产生打劫的错觉。

　　黑5使出左边冲的王牌，再下黑7提。白8还沉浸在劫争的虚幻中，黑9挡打，现实中以连环劫过关。

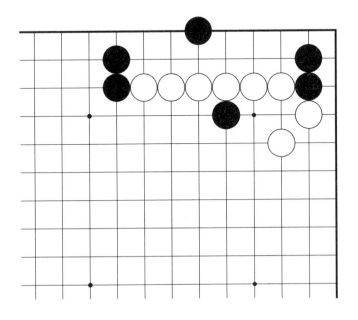

问题图（密码）

黑先，黑一路之子是联络黑角边的桥梁，但只此一子，显然无法胜任。

再落一子，就可以加固这座桥梁，名曰比翼齐飞，密码即在于此。

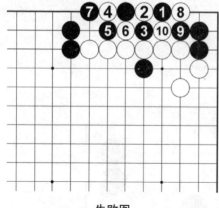

失败图

失败图（见缝插针）

黑1小跳小心翼翼，眼看两边即将联络，白2、4扑靠见缝插针，和黑展开夺桥之战。

至白10挤打，劫争已经无法避免。

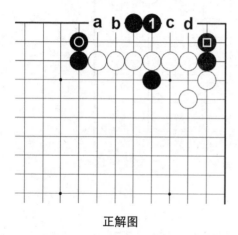

正解图

正解图（无法撼动）

黑1于一路并，加固之意跃然盘上，该子和两边的黑⊙子和黑▣子都是大飞，破解了比翼齐飞的密码。

白定睛一看，无论落子于a、b、c、d哪个点，都无法撼动黑半分。

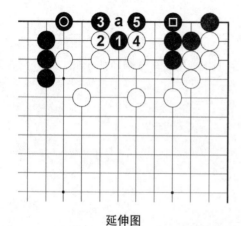

延伸图

延伸图（比翼齐飞）

本题亦见于《棋经众妙》，黑1落子于二路，和两边的黑⊙子和黑▣子都是大飞，同样是比翼齐飞，白无法阻渡。

黑1若于a位大跳，白可下1位尖顶，两边虎断见合。

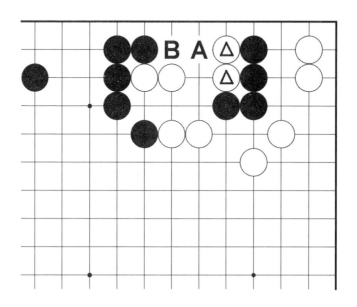

问题图（硬对硬）

黑先，白△两子紧贴黑子，不顾自身气紧，硬生生要阻断黑内外。

黑如于A位夹，硬要渡过，白可下B位冲，如此成劫黑不利。

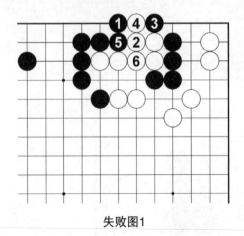

失败图1

失败图1（间接）

黑1尖，是间接含蓄的手法，迫使白2只有愚形曲阻渡，不仅是死活题的手筋，也见诸此类盘渡题中。

黑3、5扳打，以撞紧白气，但白6可粘，和外面成双形，无懈可击。

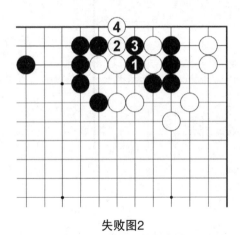

失败图2

失败图2（直接）

黑1挖，是直接干脆的手法，期待白二路挡打，则黑粘后白有两个断点。

无奈白2可退，语气委婉，态度坚决，拒绝了黑求渡的要求。

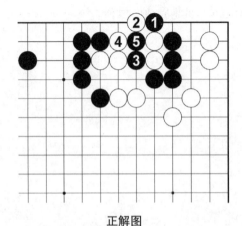

正解图

正解图（迂回）

黑1扳，手法直白，内涵婉转，白2只有挡打。

经此交换，黑3再挖，效果就大不一样，当黑5再提子时，白再无勇气连回白2一子，意味着黑迂回战术大功告成。

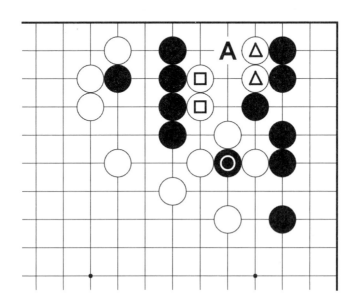

问题图（同与不同）

黑先，和前题相比，同样白△紧气二子头，同样A位夹只能成劫。

不同的是，白▢两子由横二变成直二，幸而有黑◉一子使白联络产生薄味，使黑左侧数子生机尚存。

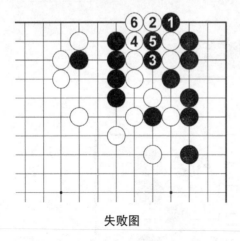

失败图

失败图（时势异也）

黑1扳，按照前题的成功经验，会如何呢？因白4退可以成立，黑仅仅吃了两个白子，而断送左边数子，显然吃了大亏。

不同配置下，盘渡的手法也会有所不同，即所谓非务相反也，时势异也。

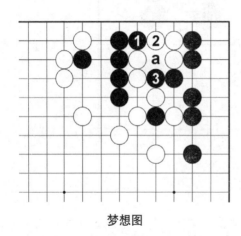

梦想图

梦想图（庄周梦蝶）

黑1拐，白2居然傻挡，黑3梦幻之挤，白两个断点不能兼顾。白2当于a位粘，黑就无可乘之机。

犹如庄周梦蝶，黑方由此产生灵感，让白2不得不下于此处，请参阅前一题。

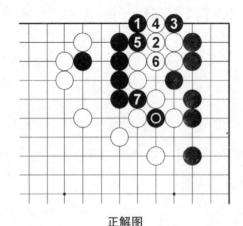

正解图

正解图（唤醒）

黑1小尖，是前题出现过的手法，而且从失败图升级到正解图。

要想阻渡，白2只有曲，黑3、5扳打促白气紧，黑7挤打是对白的致命一击，唤醒前面两图中沉睡的黑◉子。

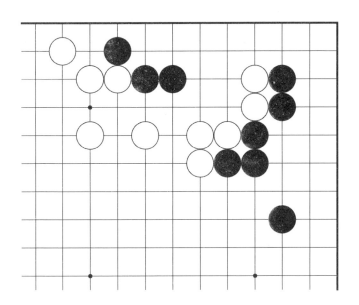

问题图（贡献）

黑先，围棋中有不攻之攻、不守之守的玄妙说法，本型可贡献一个新名词，叫作不断之断、不连之连。

言归正传，说得再玄乎，黑边上数子总要设法和角上取得联络。

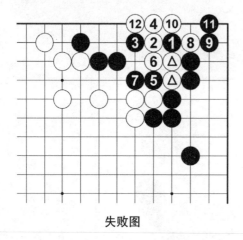

失败图

失败图（实战手）

黑1先在右边二路扳，黑3再于左边二路尖，是不少场合的实战手，不可谓不有力。

但至白12冲，白以白△两子的微小代价，将黑边拖入劫争，黑负担甚重，若非劫材相当有利，黑理应不满。

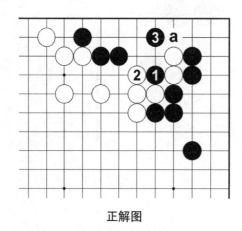

正解图

正解图（头脑）

黑1断，白2如打，想好了弃子，黑3却来个飞点，要求渡回。

黑不断之断、不连之连的节奏，使白一时摸不着头脑，但有一点白头脑很清楚，那就是无力下a位分断。至于黑3为何不下a位反打渡，看了下图就明白了。

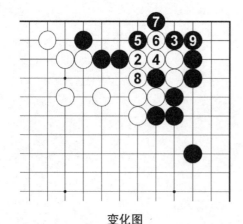

变化图

变化图（目数厚薄）

白2若枷，黑3扳打渡很清楚，当然下5位扳也可以还原。

局部定形至黑9粘止，说是变化图，但实战中白应当选择本图，因为无论目数还是厚薄，白都较前图有利。

第 9 题

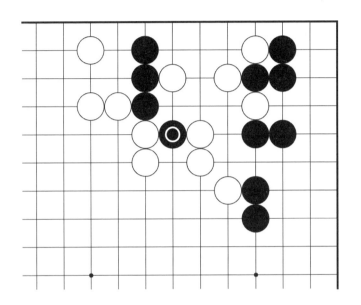

问题图（如鲠在喉）

黑先，单看边上三子，无论如何都无法成活或者渡回。

再看黑⊙子，使白如鲠在喉，借助此子，黑有盘渡的巧妙手段。

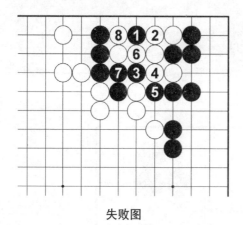

失败图

失败图（无言）

黑1点求渡，白2粘二路断然拒绝，黑3愤然扳出，和白展开对杀。

但被白8冲到，黑无眼对白有眼，黑已无言。

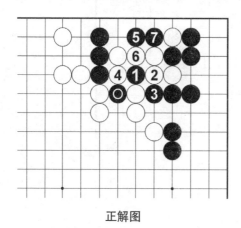

正解图

正解图（丝滑无碍）

黑1先扳是好次序，哪怕白2不断而粘，黑3断，强迫白4吃下黑两颗弃子。

黑5再点，配合丝滑无碍。白6、黑7各吃一子，心情大不一样。

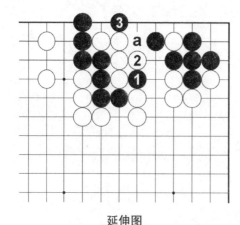

延伸图

延伸图（再无机会）

本题亦见于《棋经众妙》，黑1断定形，有异曲同工之妙，以弃子制造白气紧，使黑3托渡可以成立。

黑1若于3位单托，白2可于a位顶，黑再无机会交换到1位断。

第 10 题

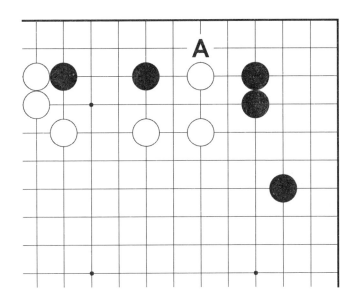

问题图（走着走着就散了）

黑先，下手眼中A位托渡是正解，上手脑中A位托渡也是正解，如此高度统一非常难得。

但后面的变化就有分歧，有句歌词叫有些人走着走着就散了，此情此景还真合适。

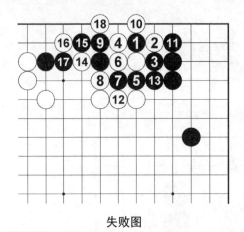

失败图

失败图（直线）

黑1托求渡，白2外扳，下面马上就走散了。黑3断是下手的直线思维，对方敢扳我就敢断，实际效果又如何呢？

以下被白12先手打也就算了，接下来被滚打问题就大了，黑被全灭。

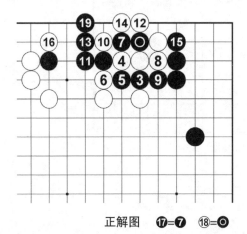

正解图　⑰=⑦　⑱=◎

正解图（曲线）

黑3挖思路灵活，画出一条美丽的曲线。白4如顶强行阻渡，以下黑9顺势而粘，又有黑17先扑的好次序，白最多搞出个缓气劫。

黑第一手如直接下3位挖，则担心白4位顶，给白转换的选择权。

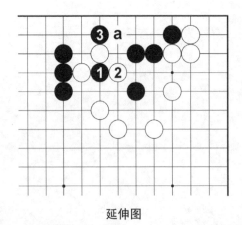

延伸图

延伸图（万无一失）

本题亦见于《棋经众妙》，此时黑1挤（类似前图的挖）是必要的过门，待白2打，黑3再托渡就万无一失。

黑1单下3位托，白可a位扳断，以下变化并不复杂，请自行验算。

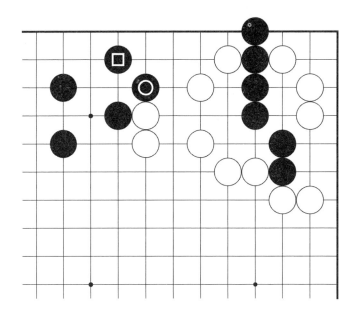

问题图（不可或缺）

黑先，三路黑◎子是作战的桥头堡，对接应右边数子起着至关重要的作用。

但别看二路黑◻子不起眼，它也是战斗中不可或缺的支撑点。

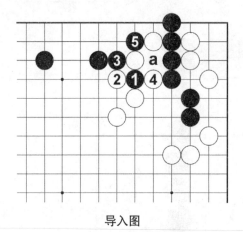

导入图

导入图（熟悉）

本题亦见于《棋经众妙》，因被广泛引用而为广大棋友所熟悉。若非如此，很难想到黑1挖的妙手，弃一子换来黑3、5连挤渡回。

黑1若单下5位挤，会遭到白a位粘的冷静应对。

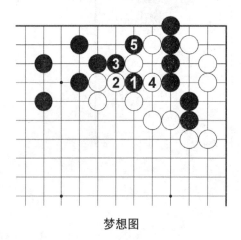

梦想图

梦想图（一厢情愿）

榜样的力量是无穷的，故而黑1挖的妙手已失去神秘感，不难弈出。

但若以为白2外打，未免一厢情愿，如此使黑3、5顺势而为，不仅渡回，而且棋形完整，目数有利。

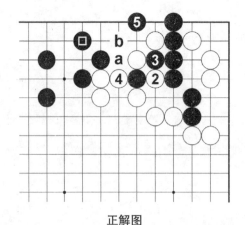

正解图

正解图（忍耐）

白2内打忍耐，不给黑借劲；白4单提再忍耐，若于a位顶，黑b位可扳过。

借助黑⬛子，黑5一路跳渡，但可以想象，黑边空将被压缩到极致，白的忍耐终于得到回报。

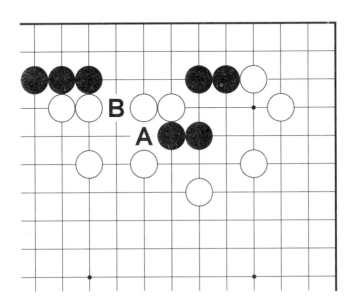

问题图（望眼欲穿）

黑先，左右黑子中间隔着三路而望眼欲穿，似连非连心中不免忐忑不安。

黑唯一的指望在于白中间还有丝缝隙，千万不能下A位冲，如此被白B位粘，焊接成一块铁板，黑将彻底绝望。

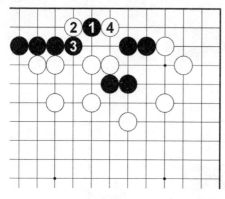

失败图

失败图（以跨制飞）

黑1小飞，和两边不偏不倚，自我感觉良好。但白2、4两跨次序精准，若前后颠倒会把黑送活。

黑此时才痛感江湖传言绝非虚妄，以跨制飞太过严酷，惜乎为时已晚。

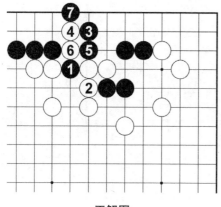

正解图

正解图（诱饵）

黑1挖，针对白唯一的缺陷抛出诱饵。白2粘不为所动，心中不起一丝波澜。黑3飞、白4跨上演了同样的剧情，而当黑5顶，白情绪终于有了波动，居然有此妙手！

至黑7一路滚打，不管有多难过，黑总算过了。

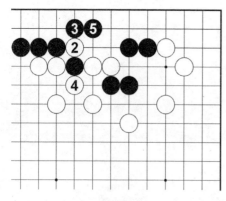

变化图

变化图（西门吹雪）

白2断打，一口吞下诱饵，稍有上当的感觉。

最后放任黑5轻松长回，较前图白目数吃亏。此结果白方岂能不知，只能理解为白衣飘飘的西门吹雪有洁癖，满足于白4一手提干净。

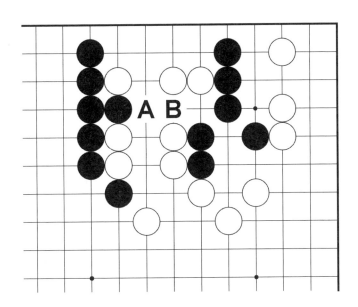

问题图（生机）

黑先，和前面几题类似，因白形的缺陷，使黑有盘渡的生机。

白的弱点在于A、B两处，对黑而言，A位先手可帮助自己联络，B位先手可制造对方气紧，保留是常识。

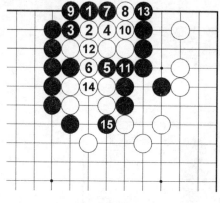

正解图

正解图（促使白紧）

黑1小飞不紧不慢，白2、4尖团，竭力抵抗，黑5挖（问题图中的B位）定形促使白气紧，不给对方粘回头的机会。以下白无理取闹，被黑15断吃，结局悲惨。

白8如在11位提，黑下10位紧挡，以后还有12位提的余利。

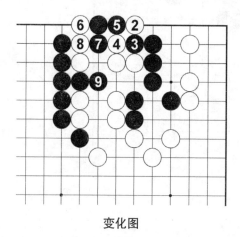

变化图

变化图（算计之中）

白2跳断，从棋形上看更为清爽，不过黑3、5冲断可以成立。

白6打，早在黑算计之中。黑7长，当白8追打自以为得计之时，黑9长（问题图中的A位），白难道还敢拉回左侧三子吗？

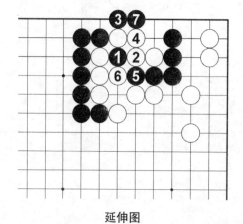

延伸图

延伸图（始终不渝）

本题亦见于《棋经众妙》，黑1、3先断再打，黑5、7先冲再爬，促使白气紧的目的始终不渝。巧妙操作下，黑不仅渡回，还有吃白四子的余利。

当然如果是实战，白4应于6位单提，以减少损失。

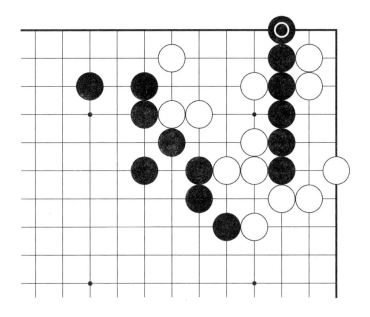

问题图（支点）

黑先，别看黑◉子硬腿和边上黑子距离甚远，却是黑盘渡的支点。君不闻阿基米德有豪言称"给我一个支点，我就能撬动地球"。

依仗这个支点，黑有底气去冲击白形，盘渡也会变得轻松自如。

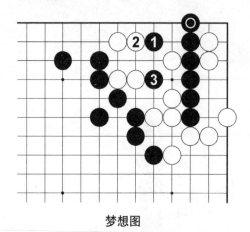

梦想图

梦想图（拿下）

黑1跳，暗藏杀机。白2双顶沉溺于好形，黑3靠紫电一闪，反将白分断。

因有黑⊙子硬腿，白无法拿下黑1之子，被拿下的就是白边自身。

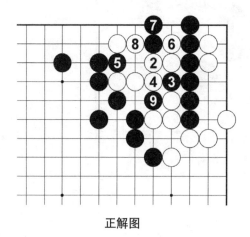

正解图

正解图（尾巴）

白2上压先保护好自己，黑3先手冲无须保留，接着黑5、白6互冲，继续连和断、矛与盾的交锋。

黑7立退让一步，白8顶不依不饶，等到的却是黑9扑，白不仅无法阻渡，连尾巴都在黑嘴里。

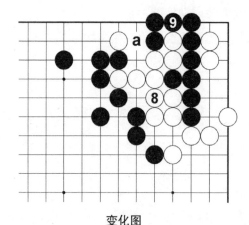

变化图

变化图（进退）

实战中，白8应该粘，方称知进退、明事理。

黑9渡过，以后白再下a位（前图的8位）顶，就是弃子收气获利的好手。

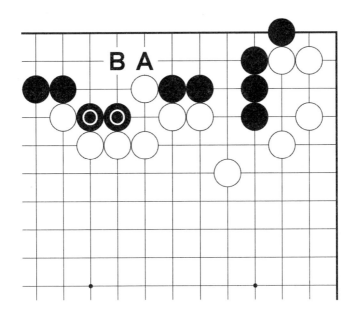

问题图（九曲十八涧）

　　黑先，位于前沿阵地的黑⊙子自身气紧有断点，直接断不行，哪怕黑下A位扳，也会遭到白B位反扳。

　　黑要想渡回，过程将会曲曲折折。我们就当一边做题，一边欣赏杭州美景九曲十八涧。

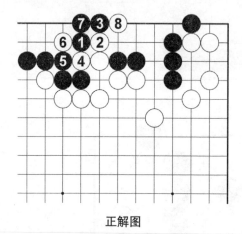

正解图

正解图（铺垫）

黑1跳是第一层铺垫，白2挡紧紧跟随，黑还是无法断。黑3扳是第二层铺垫，撞紧白气要求渡或断。

恼羞成怒之下，白4、6发起反冲锋，黑7粘多弃一子是关键，白8不肯回头，黑心中暗喜。

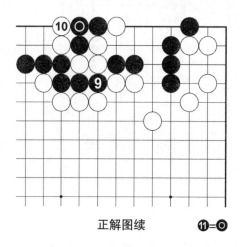

正解图续 ⑪=〇

正解图续（梦寐以求）

黑9终于得到梦寐以求之断，白10提三子。

黑11点一子两用，破眼的同时，防止白在左边二路跳出头，对杀黑胜那是相当清楚。

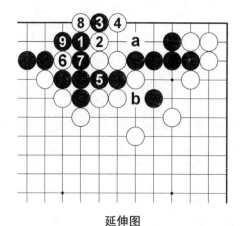

延伸图

延伸图（如出一辙）

本题亦见于《棋经众妙》，黑1、3跳扳，撞紧白气的手法和前图如出一辙。白4扳阻渡，则黑5断可以成立。

至黑9提止，白无法兼顾a、b两点，黑已脱险。

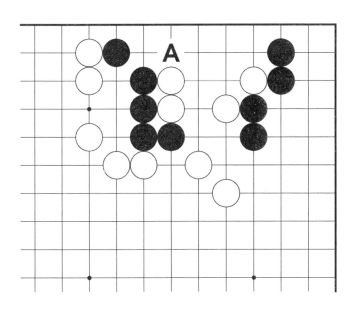

问题图（温故而知新）

黑先，第一步走A位扳毋庸置疑，需要思考的是白之对策。

计算过程可能产生错觉，那么请查阅本篇第4题，温故而知新。

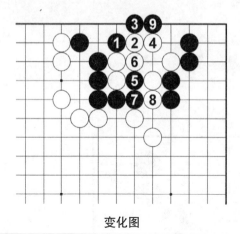

变化图

变化图（顺水推舟）

黑1扳，白2反扳稍有抵抗不足之感，故归类于变化图。

黑3跟着扳顺水推舟，白4只有退，黑5、7先手交换后，黑9再爬瞄着吃白接不归，黑安然渡回。

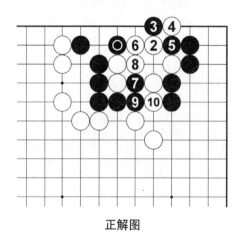

正解图

正解图（软头之惑）

白2尖具有迷惑性，对黑3托，白4、6扳了团，极力抵抗。

黑7、9如法炮制，但被白10冲出，黑难道不担心黑●子是软头吗？

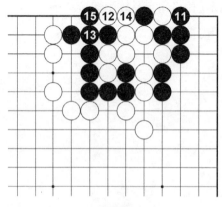

正解图续

正解图续（重现）

黑11提子不慌不忙，对白12打吃，黑13粘相当淡定。

白14再打吃时，黑15从后掩杀，重现本篇第4题中的连环劫。

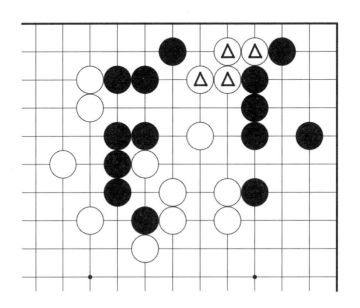

问题图（时机）

黑先，分断白△四子，使黑左侧数子转危为安。

此题在原著"杂之部"第3题，前后都是挖的手筋运用。虽说有了强烈的提示，但如果不能掌握挖的时机，如入宝山空手回。

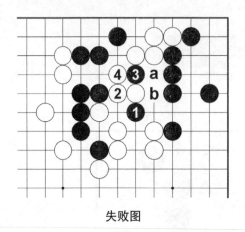

失败图

失败图（选择权）

黑1跨很像形之要点，白2选择顶应，是兼顾上下的好棋。黑3再挖已失机，白4选择了正确的打吃方向而脱险。

白4如于a位打，将选择权拱手相让，黑顺势占到b位，使当初白2兼顾的光芒为之失色。

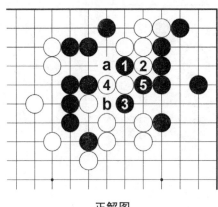

正解图

正解图（没得选）

黑1单挖妙，妙在白2没得选，只能从这个方向打吃。先手定形后，黑3再跨在前图黑1同样的位置，白就再无抵抗。

白4顶在前图白2的位置，黑5挤入，使白难以兼顾a、b两点。

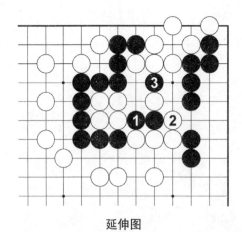

延伸图

延伸图（固定）

本题亦见于《棋经众妙》，黑1单断好，固定白2应法后，黑3再挖，白无论从哪个方向打都不行。

黑1先挖则正好相反，白无论从哪个方向打都行，黑再将白分断已无意义，第一手挖成送眼，太过刺眼。

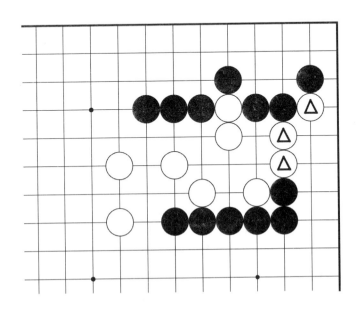

问题图（浮出水面）

黑先，白形似连非连，黑的目标是断下白△三子。

说到具体手法，因白右侧断点不够清晰，黑可通过左侧的定形使之浮出水面。

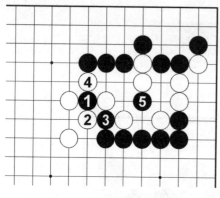

正解图

正解图（动若脱兔）

黑1挖动若脱兔，白2只有这个方向打，黑通过弃子强制得到3位挤的先手。

待白4提，黑5靠亮出杀招，将白右边收入囊中。

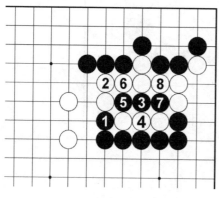

失败图

失败图（静若处子）

本人在学习本题时，突然觉得黑1单挤也行，静若处子不是韵味更足吗？

但白2双好手，黑3靠虽是要点，白4接是配套的手筋，这次轮到白表演弃子的手筋。

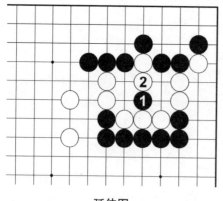

延伸图

延伸图（手割）

本图类似手割剖析图，对黑1靠企图分断，白2长弃子是唯一的解困方法。

接下来白真应了那句静若处子，静待黑出手，上面两子、下面三子任君采撷，但右边三子黑就别惦记了。

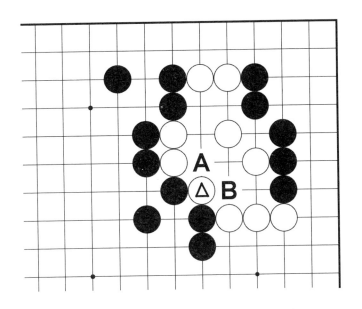

问题图（升值）

黑先，有让白无法喘气的进攻手段，目标是分断白边上两子。

黑无论从A、B哪边打吃，都只能吃掉白△废子，如能使之升值再吃掉，那就津津有味。

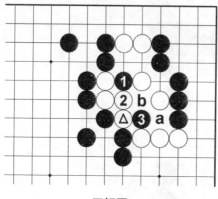

正解图

正解图（侧翼出击）

黑1挖打，从侧翼出击，非但不去打吃白△子，反而督促白2连接而升值。

黑3再打毫不松懈，露出杀手的本来面目，白a则黑b，白双断点而无法两全。

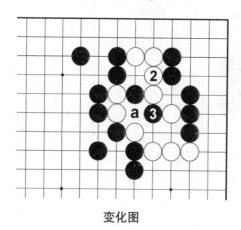

变化图

变化图（徒劳无功）

白2接，企图蒙混过关，黑3挤入，白还是双断点，抵抗徒劳无功。

因白紧气，无法下a位打，黑3之子是相当安全。

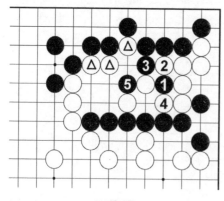

延伸图

延伸图（综合）

本题亦见于《棋经众妙》，黑1至黑5的下法，综合了前面两题的精华，黑通过分断手筋，吃子加救子。

黑1挖先定形，黑5挤出双断点，不理会旁边白△残子。

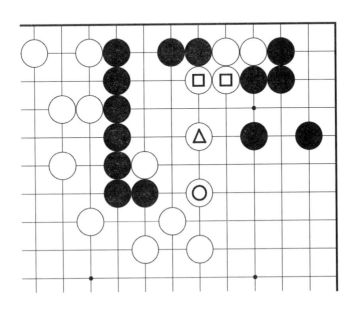

问题图（居中策应）

黑先，白△子居中策应，勉强联络边上白▣子和中间白◎子。

黑要想分断，挖白单关跳是必需的，关键是先挖哪个，前后次序定成败。

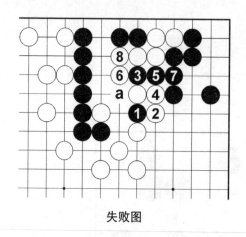

失败图

失败图（黑色幽默）

黑1先挖中间，是因观察对比后，认为中间更薄。黑3再挖边上，自信满满，却遭到白4愚形团的强烈抵抗。

至白8粘，因黑1的存在使黑a位不成立，令人啼笑皆非的黑色幽默。

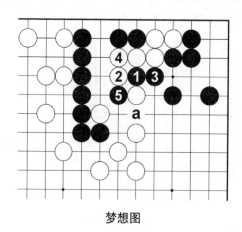

梦想图

梦想图（对比）

黑1先挖边上，白2如从左边打，黑3简单退回，就使白产生两个断点。白4强行粘补边上断点，因没有a位黑子，黑5断反倒可以成立。

本图技术难度不高，主要价值在于和前图的对比。

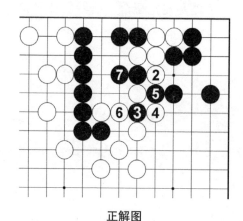

正解图

正解图（小有所得）

白2从右边打是正常反应，逼着黑使出3位再挖的强手。

白4还是得从右边打，黑5挤、7长，分断边上白子。白6得以先手提子，小有所得，处境胜于前图。

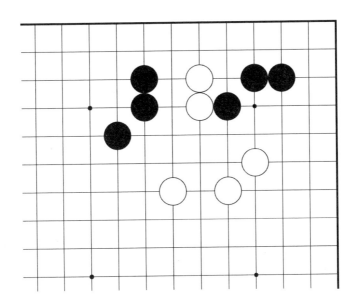

问题图（难以忘怀）

　　黑先，白虽有外面三子摆开架势接应，黑仍有分断吃白边上两子的手段。

　　黑将祭出杀手锏，手法赏心悦目，看过一次就难以忘怀。

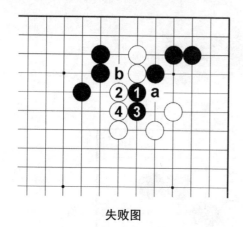

失败图

失败图（拖累）

黑1扳、白2反扳，均属必然。

下一步黑3长努力向前，白4贴紧紧相随，被a位断点拖累，黑无法下b位分断。

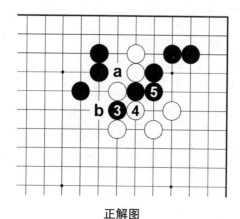

正解图

正解图（飞跃）

黑3连扳，无视白4双打，无论是手法还是思路，都堪称飞跃。

黑5顺势粘，转眼间，面对a、b两点，白已顾此失彼。

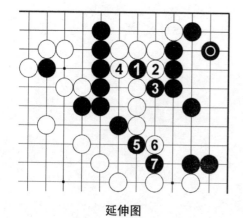

延伸图

延伸图（双保险）

本题是对《棋经众妙》原题的改良版，增加黑◉子确保黑对杀获胜。黑1挖到白4提的交换，算是双保险。

接着又是黑5、7连扳，白束手就擒。

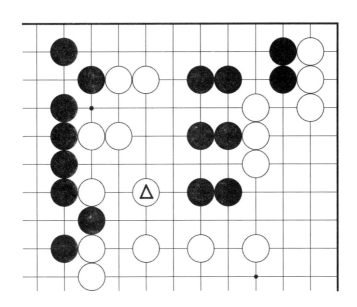

问题图（希望之火）

黑先，姑且当作白△子刚下跳补，朦朦胧胧掩护了上下断点。

看到黑右侧两个双形坚固无比，黑重燃希望之火，岂可暴殄天物？

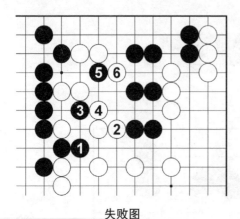

失败图

失败图（鳄鱼潜行）

黑1长，犹如鳄鱼在水下潜行，默默盯着白形弱点，白2双补，表达对黑两个双形的敬意。接着黑3、5两靠，都走在形状要点，无奈被白6扳。

请回看过程，整理思路，你可以做得更好！

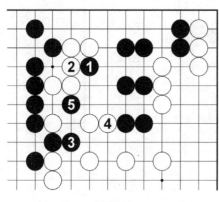

正解图

正解图（再度出击）

从前图中不难得出结论，黑1靠是正确的次序，先固定白2粘的位置。

然后黑3长，鳄鱼再度出击，同样的白4双，扛不住同样的黑5靠。

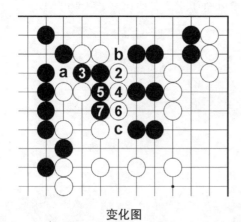

变化图

变化图（加减法）

白2扳是可以预料的变化，黑3先回退，待白4长，黑5、7连冲，犹如鳄鱼在水中驰骋，势不可当。

化解自身a位断点，给对方增加b、c两断点，这鳄鱼还会做加减法，围棋的教育功能可见一斑。

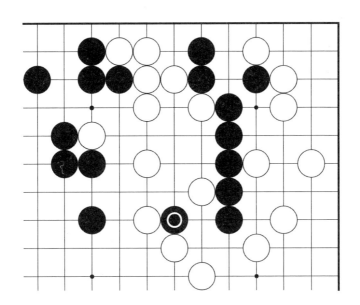

问题图（融会贯通）

黑先，请注意黑一子的位置，你是否想起了本篇第21题的杀手锏？

仅此还不够，请再复习第22题，融会贯通才叫学有所成。

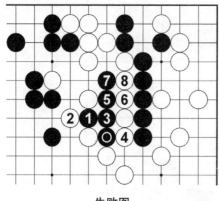

失败图

失败图（有样学样）

黑1挖奋不顾身，对黑⊙子气紧毫不在意，正是第21题连扳手法的精髓。

白2外打有样学样，以下白对黑如影随形，只要大部队能回家，牺牲左侧几子，又有何妨？

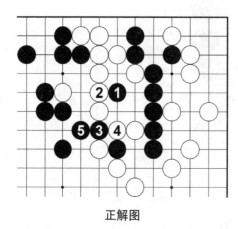

正解图

正解图（清晰）

黑1先点，变化次序使对方失去变化余地，正是第22题定形思维的精髓。

经此交换，黑3再挖，思路清晰，白被断杀清晰。

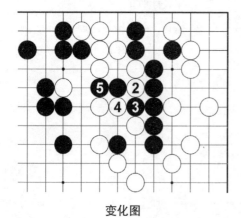

变化图

变化图（得陇望蜀）

白2、4冲断同样是好思路，企图以弃子掩护主力部队撤离。

黑并不满足先手吃白两子而成劫活，得陇望蜀此时绝非贬义词。黑5冲，白防线顿时被冲垮。

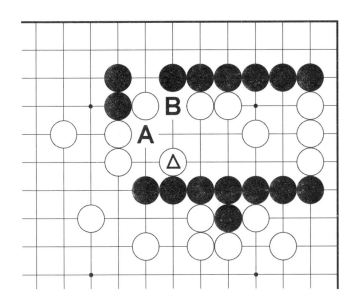

问题图（光天化日）

黑先，白△子贴在黑壁上，勉强掩盖A、B两处断点，但无法掩饰整体的薄味。

有了这个认知，黑可从右侧动手，战火蔓延之下，A、B断点必将暴露于光天化日之下。

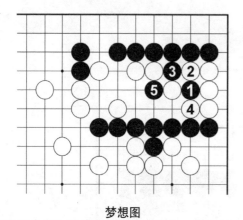

梦想图

梦想图（实战心理学）

黑1从挖着手，是前面几题中反复出现的手法和思路。

白2上打，则黑3挤，接着白4提，黑5断，线路过于清楚。黑跟着白下就能成功，等于白凑黑行棋，不符合实战心理学。

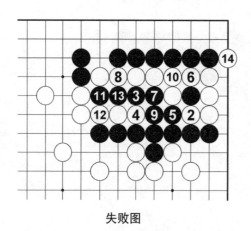

失败图

失败图（再起波澜）

白2下打，方可称为抵抗，首先黑要会下3位碰的要点，盯着两边，才有然后。

然后白4冲，继续考验黑。黑5单挤稍显急躁，至黑13粘看似成功，白14扳再起波澜，此处有劫味。

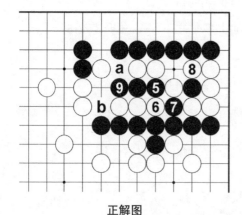

正解图

正解图（嗟来之食）

黑5多送一子，着法精细，待白6冲，黑7再挤，就无后患。

白不肯吃嗟来之食，于8位提做最后一搏，黑9长出，白a则黑b，白还是有两个断点，损失惨重。

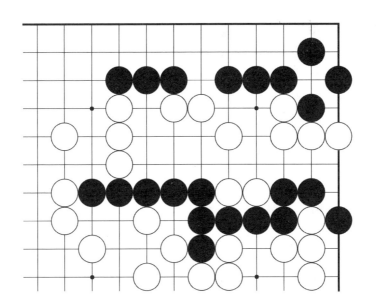

问题图（草色遥看近却无）

黑先，如果不能吃通白棋筋，自己大块就有性命之忧。

白右边和本部连接有两道关卡，白形缺陷若隐若现，如同草色遥看近却无，黑却无心欣赏。

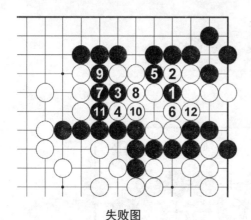

失败图

失败图（天籁之音）

黑1还是从挖入手，和白2打交换后，黑3碰盯着白左右断点，应是流畅的乐曲。

白4挖奏出天籁之音，哪管黑闻之刺耳。至白12止，黑白各自活出，黑失去了扩大战果的好机会。

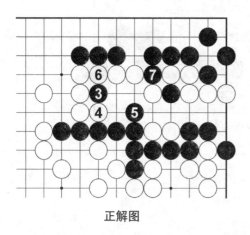

正解图

正解图（另类）

黑3碰在这里，稍有另类之感，但同样注视着白左右断点。

白4冲企图打乱黑的步调，黑5曲，突然放慢节奏，反正白无法兼顾6、7两点，黑成功。

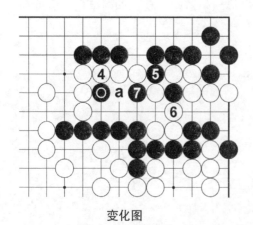

变化图

变化图（坠入步调）

白4单粘，过于顺从，坠入黑的步调。

黑5挤，白6如提，黑7断成立，黑◉子达到了和碰在a位碰的相同效果。

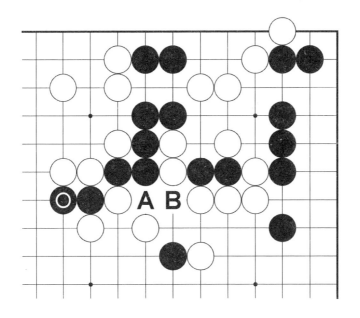

问题图（歧路亡羊）

黑先，对原作稍做修改，增加了黑◎子，使结果成为必然。

有A、B两处先手打，黑反有歧路亡羊之惑。

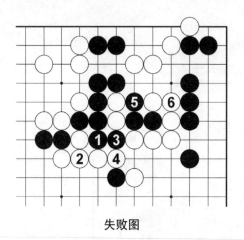

失败图

失败图（亦步亦趋）

黑1打当然是先手，白2粘，顺从其美，心态端正。

以下黑3冲、黑5提均为先手，白4冲、白6粘，不以亦步亦趋为辱，真正耻辱的只有一眼而亡的黑方。

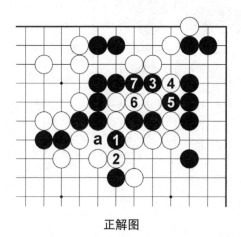

正解图

正解图（活力）

黑1换个位置打吃是正着，白2反打以外围为重。黑3挖、5断是组合手筋，转眼间，白上边数子已被断下。

黑未动用a位打吃的先手，意味着不曾削弱黑外围两子的活力。

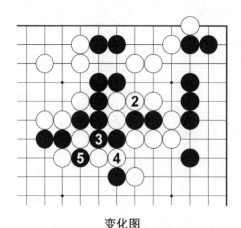

变化图

变化图（溃围而出）

白2提两子，不肯舍弃上边数子，心情可以理解。

黑3回头再打，无论下一步黑走到5位提，还是接在4位，都已溃围而出。

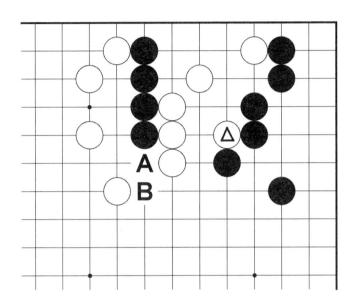

问题图（徒有虚名）

　　黑先，先做黑A冲和白B退的交换，以防生变，然后可冲击白边薄味，借此生还。

　　白△子看上去对掩护自身断点有些帮助，其实徒有虚名。

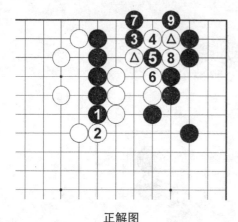

正解图

正解图（中盘常型）

面对白△两子小飞之形，黑3托可视为中盘常型。待白4顶，黑5断送一子，撞紧白气。

白6打这里是正应，黑7转而立，再以黑9扳渡，取得边角连成一体。

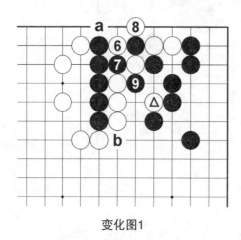

变化图1

变化图1（形同虚设）

白6这样打并不成立，黑7、9挤断，如前所言，白△子形同虚设。黑下一步a、b两点见合，劫争只是存在于白的幻想中。

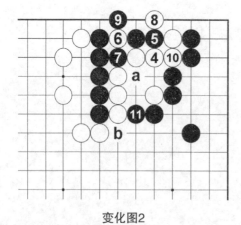

变化图2

变化图2（苦心、心苦）

白4如退，则黑5挤定形，白6、8挖打是煞费苦心的次序，阻止黑从边线渡回，但自身棋形被大大弱化。

黑11悠然一长，a、b两断见合，白的苦心反使自己心苦。

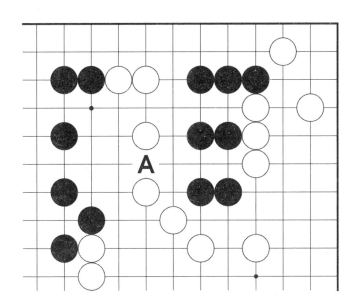

问题图（保留、定形）

黑先，任谁看到，都会有A位挖的冲动，真的好吗？

此处有保留和定形两种思路，请斟酌之。

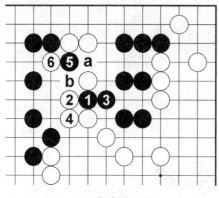

失败图

失败图（劳而无功）

黑1单挖，制造出白两个断点，白4粘先补上一处，接着黑5扳出手，眼看a、b两点必得其一。

黑看似一气呵成的下法，却催生了白6断破见合的妙手，黑劳而无功。

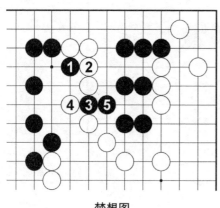

梦想图

梦想图（定形）

黑1轻描淡写的一扳，原著中白2粘反应麻木。先在上方定形后，黑3挖的杀招再使出，白绝无抵抗的余地。

本形的最大价值在于思路，而不在于计算，这应该是原著要表达的意思。

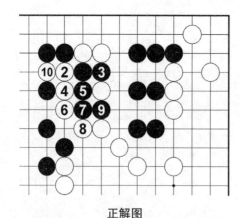

正解图

正解图（苦尽甘来）

笔者研究的结果，白2还是应该断，对黑3、5连冲，白4、6连退。黑7再冲，白8可挡，黑9终究得回补。

受尽委屈后，白得以在10位冲，苦尽甘来。

5 劫 之 篇

第1题

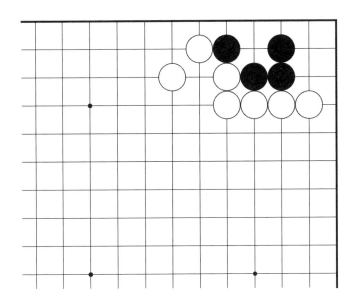

问题图（弹性）

　　黑先，黑四子在角端搭了个小堡垒，颇具弹性，不会轻易被净杀。

　　结论是劫，其中变化不少，是一个值得研究的课题。

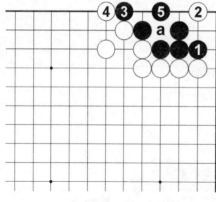

失败图

失败图（情急之下）

黑1挡扩大眼位，过于迂执。白2点是大猪嘴的杀法，抢占角端要点，同时不让白成a位之眼。

情急之下的黑3、5，是最强的抵抗手段，但白很有心情脱先，因为这只是个缓气劫。

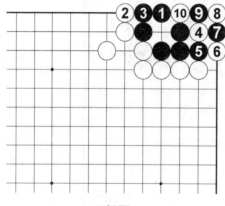

正解图

正解图（惊为天人）

扩大眼位效果不佳，黑1转而占据要点，白2先手立后，再以白4靠入，以下至白10提成白先手劫，劫胜可将黑清空。

话说对白4靠，黑5以下的成劫手段，笔者在石田芳夫《围棋的劫争》中第一次见到时，惊为天人。

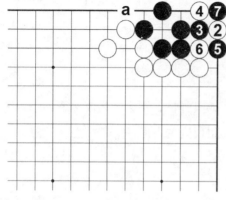

变化图

变化图（马李争锋）

白2单下小飞也是劫，保留a位立作为本身劫材，等于也是先手劫，但一则劫胜不如前图干净，二则劫负黑有个硬腿，白损目。

马晓春曾下白2飞，黑3如顶白脱先，黑再补活和黑直接挡6位，白便宜2目。故对手李昌镐断然脱先，绝顶高手交锋就是那么精彩！

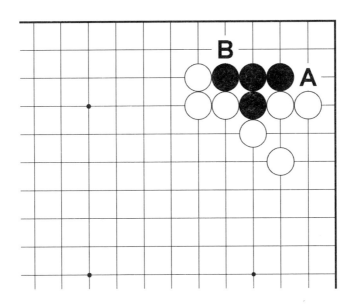

问题图（配置）

　　黑先，如下A位挡扩大眼位，则白B位扳缩小眼位，黑毫无抵抗余地。

　　抢占要点，黑可以争取到劫活，而根据白边上配置，会有不同的打劫方式，值得我们细细研究。

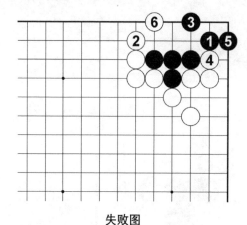

失败图

失败图（步步为营）

黑1尖二·二位要点，败于白2单立的平和；黑3双虎，毁于白4、6的步步为营。

怎么办呢？走自己的路，让别人无路可走，这个思路值得一试。

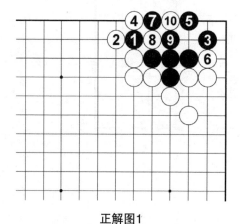

正解图1

正解图1（内线）

黑1先扳，消除白在同处立的手段，黑3再尖是原著得意的次序。白4下打手法细腻，至白10提成先手劫，白4如直接下8位断，则成后手劫。

如果白边较厚，黑只能如此进行，围于内线也是无可奈何。

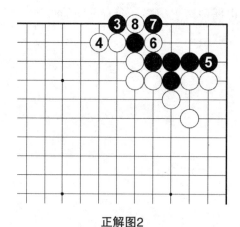

正解图2

正解图2（外线）

白边上不厚时，黑3连扳强悍，白4退，不能让黑转战外线。黑5回头于右边挡，再以黑7反打回到劫争，黑若劫胜收获明显大于前图。

实战中白4应于6位断打，然后遇劫先提，把4位退可作为本身劫材。

第 3 题

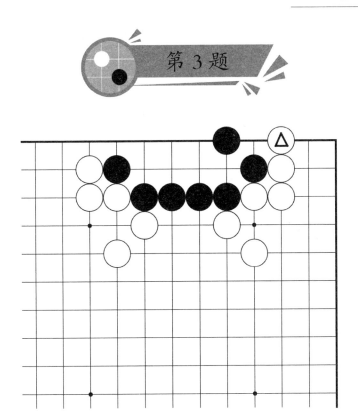

问题图（虎视眈眈）

黑先，对原题稍作修改，使其成为左右对称的棋形。右侧白△子虎视眈眈之下，黑只能满足于劫活。

本题变化可参阅活之篇第9题，必有心得。

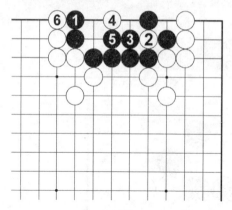

失败图

失败图（暴露）

黑1立扩大眼位，破坏了左右对称的画面感也就算了，关键是使急所充分暴露于白眼前。

白岂会错过机会，白2扑、白4点方，哪怕白2单点也行，黑被杀。

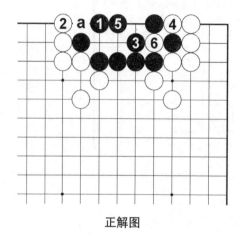

正解图

正解图（飘忽不定）

黑1于左边一路虎，是做眼的常法，胜在柔软，消除白内部动手的好点。白2跟着立，则黑3转于右边，行棋飘忽不定。

白4打，则黑5并可成劫活。白4如于a位打，黑4位团即可净活。

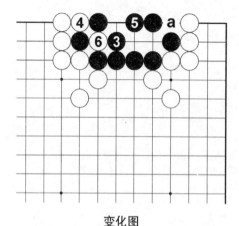

变化图

变化图（同侧）

其实黑3就在同侧应，并无问题。白4打，则黑5并，黑还是劫活。

同样，白4不可下a位打，否则黑团在4位，再无劫争。

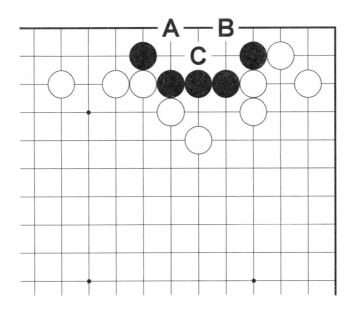

问题图（未成形板六）

黑先，边上是个未成形板六，无论下A、B哪个一路虎，都会被白C点杀。

是否由此可以得出结论，黑第一手应该下在C位？

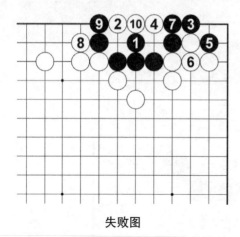

失败图

失败图（误导）

黑1二路曲虎，沉浸在眼形丰富的幻想中，被白2点无情击碎。黑3扳企图做缓气劫，又被白4点冷酷拒绝。至白10粘，黑被杀成断头曲四。

别怪问题图提示的误导，只能怪自己计算不周。

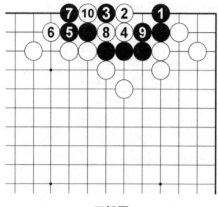

正解图

正解图（干净、不干净）

黑1立扩大眼位，只此一手，白2一路点，黑3尖顶，以下至白10提成劫，白劫胜可提三子，干净。

白2如下4位靠，则黑于2位一路反夹同样成劫，白劫胜黑还是大眼，不干净。

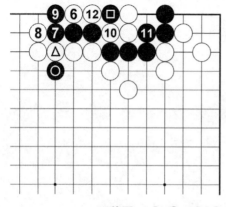

延伸图　⑬＝◉　⑭＝⑫

延伸图（连累）

前面做了黑◉子点和白△子粘的交换，黑怎么也没想到。这个先手便宜却连累了自己边上这块棋。

前面五手不变，白6一路夹突如其来，以下至白14回提，局面就清楚了，黑最多是个刀把五。

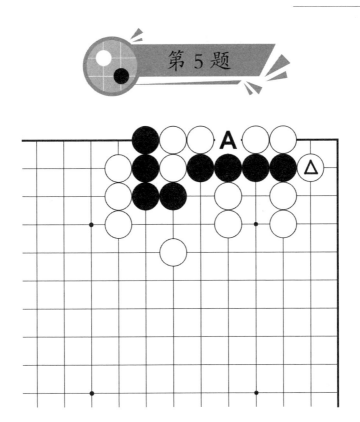

问题图（幻觉）

　　黑先，以为A位提三子可活只是幻觉，请设想黑提白点以下的变化，哪怕黑在角端提两子成两眼，都被白△子卡成假眼。

　　如对具体过程不明了，请见次页失败图。

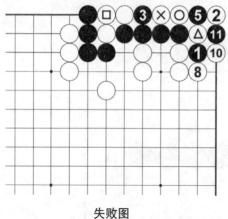

失败图

④=□　⑥=◎　❼=⊗　❾=❺　⑫=❶

失败图（天涯海角）

黑1断用心良苦，期待白下8位打，如此黑3提即活，白如点眼，黑再提两子成带响，白无暇扑破眼。

白2尖在一·一位，棋盘上的天涯海角，是反击的妙手。如前所言，最后白△子的位置正居要津。

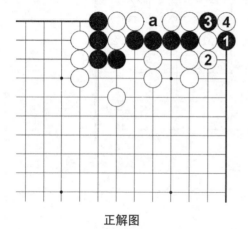

正解图

正解图（双提）

黑1夹紧紧纠缠，是苦心孤诣的一手，算准了白不敢来吃。

白2粘正着，黑3扑，下一步有a位双提，白无法退缩，只能于4位提成劫。

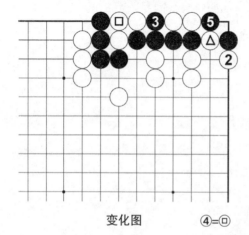

变化图　　④=□

变化图（带响）

对黑的纠缠，白如不胜其烦于2位虎打，正合黑意。

黑3提子，白4点已失去理智，黑5再提，同时叫吃白△子，即所谓带响，黑成为净活。

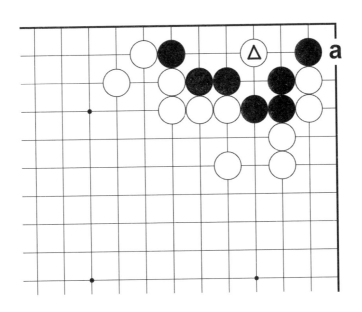

问题图（辗转之间）

黑先，白△子点入强攻，不满足于a位扳成劫杀。

以下黑白各以妙手应酬，辗转之间，最终的结果还是打劫。

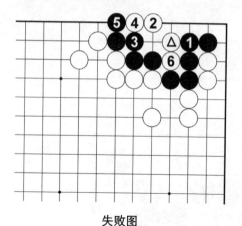

失败图

失败图（岂敢）

黑1粘轻率，对白2尖的杀招毫无察觉，若无此手，白△子岂敢点入？

黑3粘抵抗无效，白4爬、6断做成老鼠偷油，黑被净杀。

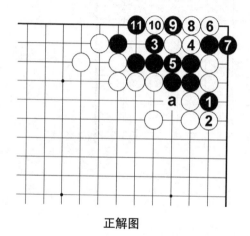

正解图

正解图（各有高招）

黑1断做好准备工作，至黑7立，金鸡独立现于盘上。白8粘回击，期待黑下10位立成倒脱靴。

黑9扑避开陷阱，此劫白a位顺手打很舒服，消劫干净。关键是白12有可能脱先，黑也无法一手消劫，否则白还不如下图。

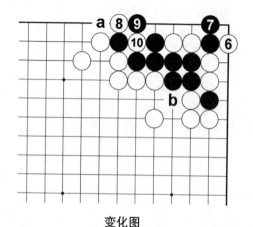

变化图

变化图（平淡不平庸）

白6换个方向打吃，至白10提成劫，稍显平淡，但绝不平庸。

角端白目数已便宜，边上a位粘、中间b位挡都是本身劫材，减轻了白劫争的负担，这就是本变化的可取之处。

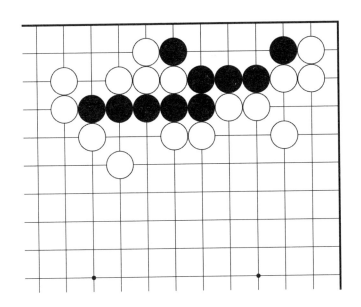

问题图（标准板六）

黑先，如能得到两边一路立，就是一个标准的边上板六。

因白左边有缺陷，完成这个任务看似不难，但白有精彩的应对。

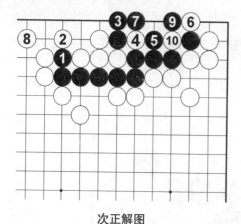

次正解图

次正解图（不愉快）

本图为原著答案，黑1、3冲立是先手，白4断是绝妙的化解之策。

黑7先提以防白连提，白8虎顺带加厚外围，令黑不愉快。更不愉快的是，白10提后，黑是后手劫。

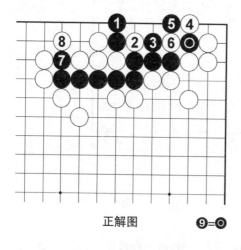

正解图　　　❾=◎

正解图（愉快）

保留绝对先手冲，黑1单立是好次序，白2还是断。

以下白6提劫时，黑7此时再冲，是绝好的本身劫材，白8必挡。黑9回提，成为黑愉快的先手劫。

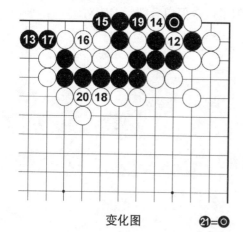

变化图　　　㉑=◎

变化图（滚雪球）

白10找劫材，黑11应劫，白12回提，如果黑劫材足够，黑13点最强，请和次正解图相比，白外围厚薄情况大不一样。

白14连提反击，至黑21提，劫争犹如滚雪球般，价值越来越大。

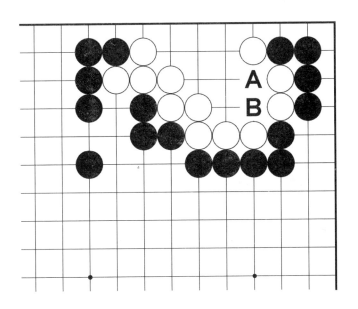

问题图（显著、隐晦）

黑先，若非白右侧有两个断点，如此宽广的地域，黑无法指望出棋。

A位断点显著，是出棋的导火索；B位断点隐晦，也不可忽视。

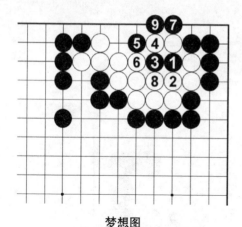

梦想图

梦想图（弃子、反弃子）

黑1断、3长，走成两子而弃之，再以滚打渡回。在白的紧密配合下，黑轻易取得成功。

只是白2会下3位反打，这个反弃子的防守，同时否定了黑1在4位夹的攻击。

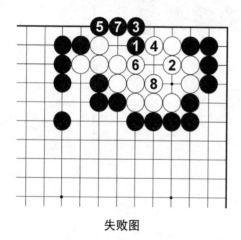

失败图

失败图（在乎、不在乎）

黑1点，瞄着白断点，白2粘希望断绝祸根，防守坚韧。黑3立看似左右逢源，白4顶根本不在乎黑渡回，在乎的是自己两眼成活。

白2若单于4位顶，则成缓气劫，请自行验算。

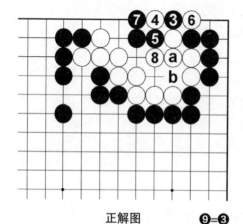

正解图　　　❾=❸

正解图（求步调）

黑3、5扳断求步调，顺势走到黑7这个位置，常见于对杀中快速收气，至黑9提成劫。

白8是压而不是左侧立分断，是顾忌劫胜后，黑走到此处，空里有双活。哪怕a位断点已经粘实，b位断点还牵动着白的神经。

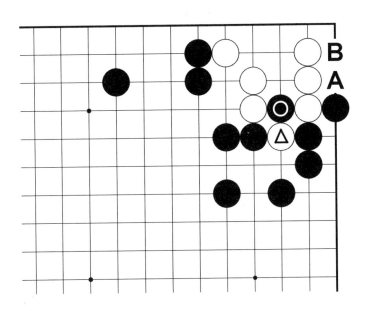

问题图（平添生机）

黑先，黑◉子和白△子互扑的形状，为白角平添生机。

假设是让子棋中，白方上手脱先不补，黑A、白B交换后，如何发动下一步攻势呢？

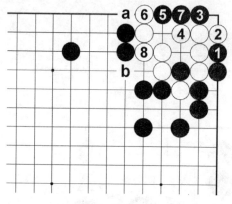

失败图

失败图（治孤发财法）

黑3点的亢奋，不敌白4退的淡定，至白8团，白角已经成双活。

不仅如此，黑产生了a、b两处漏洞，给了白借机生事的机会。白脱先等的就是这个结果，即所谓治孤发财法。

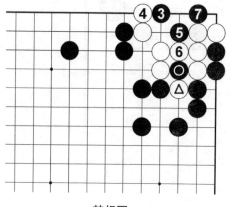

梦想图

梦想图（有情胜无情）

同样是点，黑3的位置可进可退，白4拦断不得已。

黑5尖对黑●子念念不忘，白6提对白△子熟视无睹，黑7扳成聚杀。有情胜无情，天道使然。

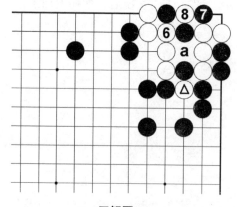

正解图

正解图（高度评价）

白6挤打紧凑，高度评价白△子在防守中的积极作用，黑无法下a位连回。

黑7强行扳入，白8提成劫，这才是双方最佳应对。

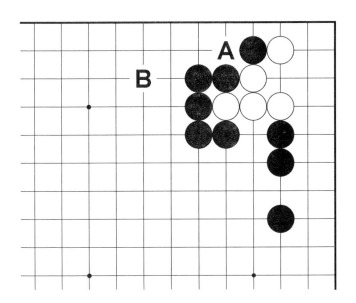

问题图（将连未连）

黑先，A位将连未连之际，正是突入角部之时。

说句题外话，即使B位多一个黑子，白角也不会被净杀。

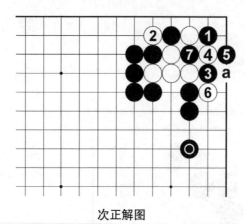

次正解图

次正解图（堪称有勇有谋）

黑1夹深入敌阵，可谓勇也；给自己留出两条出路，可谓谋也，堪称有勇有谋。

白2断打反击是正常的反应，至黑7提成劫，此为原著正解图。

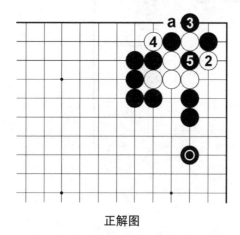

正解图

正解图（恢复名誉）

这是原著参考图，白2回缩忍耐，并不意味着懦弱，同样成劫区别可不小。白消劫可提在a位，黑左边已成不设防，而前图白a位提消劫，无法突破黑◉子的防守。

有鉴于此，特为本图恢复名誉，晋升为正解图。

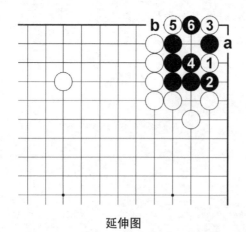

延伸图

延伸图（英雄所见略同）

黑是松一气的开口金柜角，白1靠是唯一的突破口，以下白3夹和黑4团和前图是同样的思路。

白3的依仗是，a位打和5位渡见合；黑4宁愿做后手劫的理由是，劫胜可在b位提消劫，加重对方的负担。

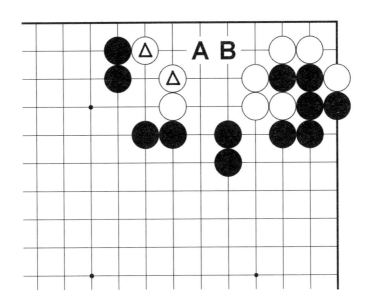

问题图（深入不毛）

黑先，因白地域宽广，简单的外围压缩不足以致命，就连黑A位点白△子腰眼也不够深入，白B位尖顶即可化解。

唯有如诸葛武侯深入不毛，才有成功的希望。

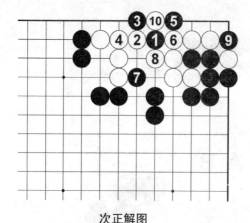

次正解图

次正解图（促其气紧）

黑1点在内侧锐利，对白2尖顶，准备好了黑3扳促其气紧的妙手。

白4粘忍耐，黑5尖，再以黑7、9连续压缩，至白10提成白先手劫，此为原著的正解。

正解图　　⑩=△

正解图（嫌弃）

白4挡打简单成劫，原著列为变化图，可能嫌弃此为黑先手劫。

但白6走到此处，白○子没被提掉，白目数已便宜；更有白8先手冲使黑形变薄，又是个愉快的本身劫，实质上还是白先手劫。

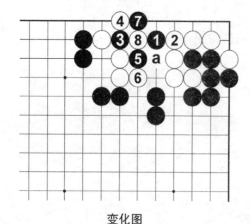

变化图

变化图（古怪精灵）

回头看黑1点时，白2如粘，黑3挤古怪精灵，白4下打沉着冷静，以下还原成正解图。

白4如下8位打，黑a位冲成净杀；黑3若下5位尖亦可成劫，着法本分，不如挤的着法生动活泼。

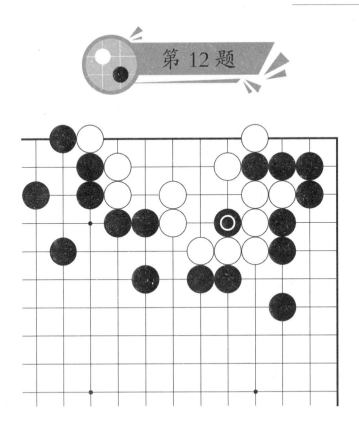

问题图（底盘不稳）

　　黑先，白已牢牢吃住黑◉一子而产生中间一只铁眼，但一路二路上明显有底盘不稳的缺陷。

　　借助此点，更兼黑◉一子尚有利用，白阵并非无懈可击。

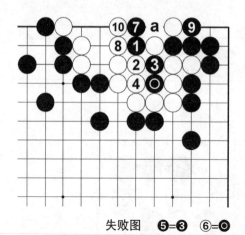

失败图　⑤=③　⑥=◎

失败图（静观动向）

黑1二路夹是常法，意欲激活黑◎子，白2挡静观动向。黑3、5连扑，黑7再立，以为滚打之策奏效。

不曾想白8、10连挡，从后掩杀，黑11即使下a位提，白可回提成活。

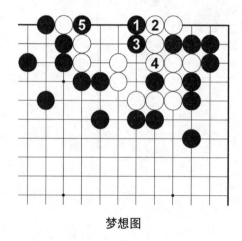

梦想图

梦想图（左支右绌）

黑1点刁钻，行于一路更有利于撤退，白2粘，延续以静制动的风格，但被黑3冲，白顿感左支右绌。

为防止被滚打，白4只能在右边粘，而不敢挡紧气，如此黑5在左边提，即可渡回。

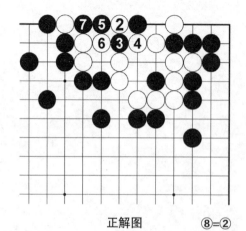

正解图　⑧=②

正解图（观花劫）

白2靠，正合围棋十决中的动须相应，是此际的正确应对。

黑3打后至白8提，劫争完全在白空内部进行，是黑的观花劫，仅看这个词语，便知黑几乎无负担。

第 13 题

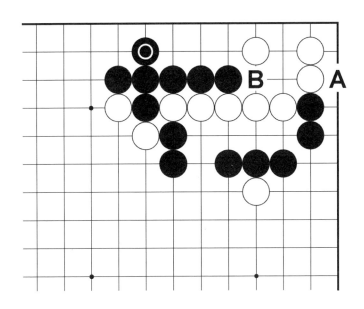

问题图（参与、旁观）

黑先，同样是缩小眼位，黑A位先扳、B位再冲的次序不可颠倒，不能给白弃中间五子求净活的机会。

接着，黑◉子发出震撼人心的宣言——争当参与者，拒做旁观者！

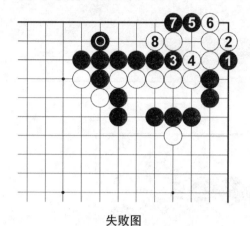

失败图

失败图（远水）

如前所言，黑1、3的次序正确，但黑5点不合时宜，白6挡做小眼。

黑7爬以求一逞，白8可退，黑◉子还隔着两路，远水解不了近渴。

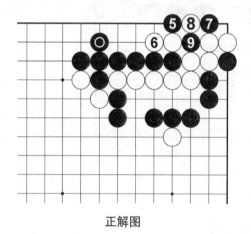

正解图

正解图（冷静）

从远处黑◉子出发，黑5一路夹呼啸而至，白并未失去冷静，于6位二路爬扩大眼位。

黑7托破眼，白8扑，以劫争为自己争得生机。

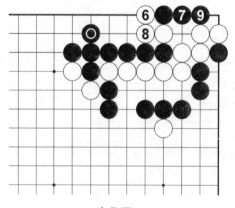

变化图

变化图（暴躁）

前图黑5下在一路是不得已，而白6跟着落于一路则是暴躁，自取灭亡。黑7、9连长，杀白成断头曲四。

白6若于7位打，有黑◉子接应，黑可于6位退回。

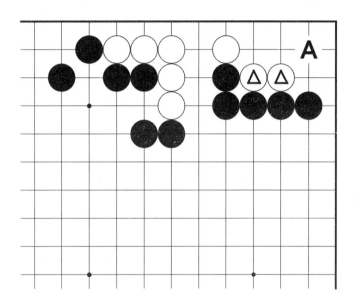

问题图（安心、闹心）

黑先，如下A位跳，对白威胁不算大，只是搜刮了事，使白安心。

白△两子和左边大部队有两个断点，黑有更深入的手段，让白闹心。

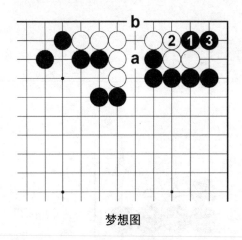

梦想图

梦想图（直线思维）

　　黑1夹锐利，白2的逻辑是因为3位扳不成立，所以粘上。这种因为所以的逻辑暴露了头脑简单，属于静态的的直线思维，难以应付纷繁复杂的局面。

　　黑3退后，因a、b见合，白已无法做活。

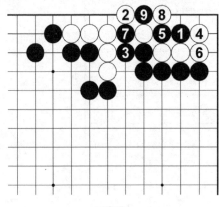

正解图

正解图（曲线思维）

　　白2倒尖，占据前图中的b位，以富有眼形的补法，保护好左侧断点，并迫使黑3占据前图中的a位破眼。

　　白4腾出手来在角端扳，黑5、7连打，白8以劫相抗，岂不快哉？

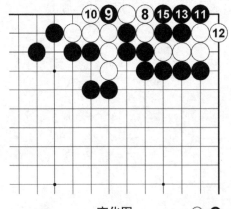

变化图　　⑭=❾

变化图（付之东流）

　　白8粘恶手，使前面的努力付之东流，漏算了黑11从里面扳的冷招。至黑15粘，偌大的白空，居然被黑做成聚杀。

　　行百里者半九十，古人诚不我欺也！

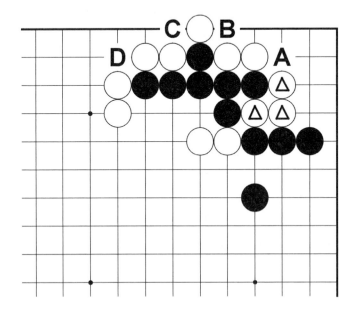

问题图（满血复活）

黑先，中间黑七子只有三气，唯有盯着白△三子在此一搏。

单看A位断点，黑有无力之感，再看B、C、D3处断点，黑顿时满血复活。

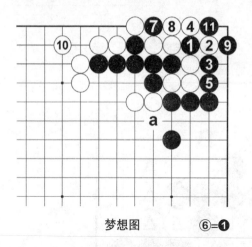

梦想图　　　　⑥=①

梦想图（干脆利落）

黑1断，接着3、5包打，干脆利落。黑3切不可于4位立，白跟着下就行，黑最后一·一位不入子。

黑7扑，原著中的白8提是随手，以下至黑11扑成劫。如此即使黑劫败，中间七子尚有利用，至少a位虎鼓总是先手。

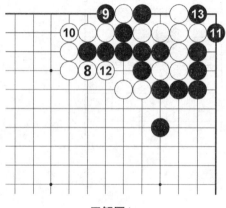

正解图1

正解图1（清新脱俗）

白8摆脱和黑扑之子纠缠的低级趣味，转于外围紧气，给人清新脱俗之感。

在黑13扑正式打劫前，白10、12顺势行于外围，大大降低了劫争的负担。

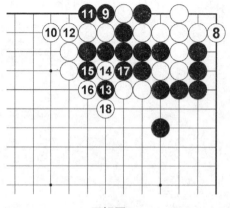

正解图2

正解图2（壮怀激烈）

白8立在角端，抬眼望、仰天长啸、壮怀激烈的情怀跃然盘上。与之呼应的是白10虎，宁受黑11先手打，态度很清楚，这个劫就是我的！

黑13唯有靠出，双方进行至白18打住，劫争愈演愈烈，已蔓延到中央。

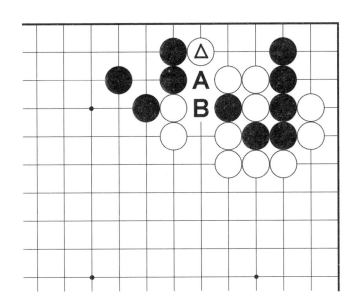

问题图（志不在此）

黑先，A位挤是眼见的先手，故白△子随时是黑的囊中之物。

当然，黑志不在此，在于救回角上数子也，别忘了B位这个隐蔽的先手。

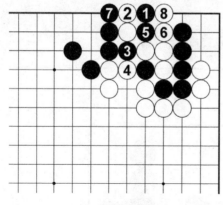

失败图

失败图（战术、战略）

黑1斜飞，是个有趣的变化，至白8挡断，黑先手吃两子。

无论是目数还是厚薄，此结果都要好于单下3位挤。但角上黑子被吃，战术上的成功无法掩盖战略上的失败。

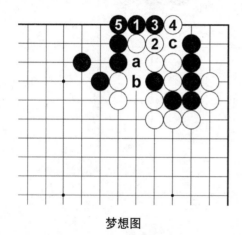

梦想图

梦想图（引而不发）

黑1单扳，促白气紧，对a、b两处先手引而不发，尽得含蓄之美。

白2团应是常法，黑3爬，继续撞紧白气，白4打，黑5粘毫不在乎，难道白还能下c位粘吗？

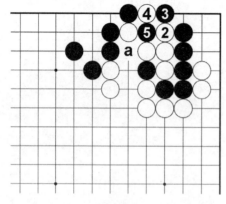

正解图

正解图（神仙打架）

白2愚形挡，是很容易被忽略的实战手。因角上气不多，黑已经无机会兑现a位先手。

黑白各出高招，神仙打架的结果是打劫，完全合乎情理。

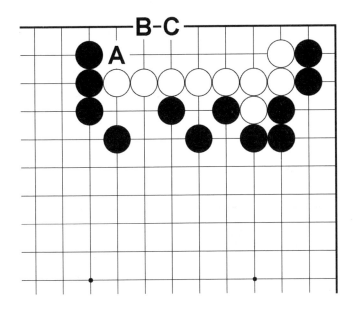

问题图（小飞、大飞）

黑先，A位爬显然是送活，目光焦距于B位小飞和C位大飞。

小飞步调稳健，劣于速度；大飞步调快捷，劣于薄味，请斟酌之。

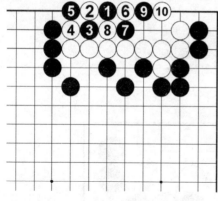

失败图

失败图（轻佻）

黑1大伸腿潇洒，却有轻佻之感，白眼位怎么看都不够，由此激发了白的血性。

白2、6从两边靠，加上白4冲，展开近身白刃战。至白10尖顶，黑无法避免被白吃接不归。

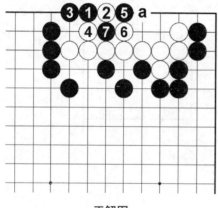

正解图

正解图（沉着）

黑1小伸腿沉着，派出先头部队探路，对白2靠，黑3并补强自身。

白4不顶眼位就不够，黑5打终于出招，白6反打成劫，a位长是黑的本身劫材。

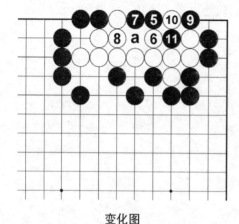

变化图

变化图（洞若观火）

黑5点，布下两处陷阱，对此白洞若观火，6位应顶最善。以下同样成劫，黑徒增自身负担。哪怕白6应在10位，黑也自损劫材。

黑的两处陷阱在于，白6下7位，以及白12下a位，望明察秋毫。

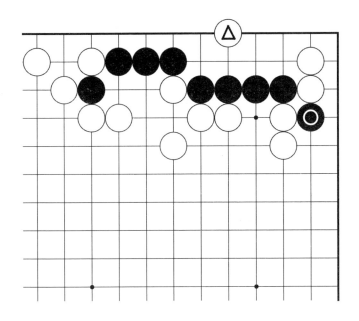

问题图（理想、现实）

　　黑先，白△子大飞是原著的正解，设计的原意应该是考察如何利用黑⊙子。

　　理想的设计败于严酷的现实，结论是失题！

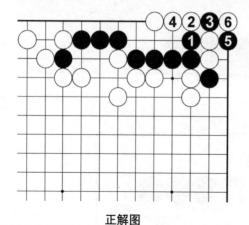

正解图

正解图（直截了当）

黑1、3冲了扑，直截了当，白2、4没有变化的余地，黑5反打即可成劫。

黑3如于4位扑，白可粘在3位，劫争就限于白空内；白4若下6位提，黑再于4位扑，白会被吃接不归。

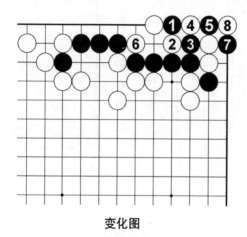

变化图

变化图（拖泥带水）

黑1先靠，黑3再冲，有拖泥带水的嫌疑，以下进行至白8提，劫争不变。

变的是多了白6断这个子，如此即使黑劫胜，黑最终还得收气吃该子，目数受损。

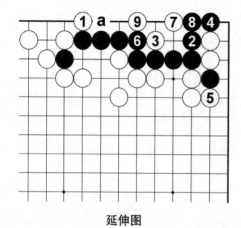

延伸图

延伸图（化繁为简）

反思问题图中的白△子大飞，既然有黑◎子存在，这个方向的进攻反而扩大了自己伤口。白1扳简明，以下只要白不下a位爬，黑简单被杀。

白1下7位小飞也可净杀，但没必要自找麻烦，化繁为简才是王道。

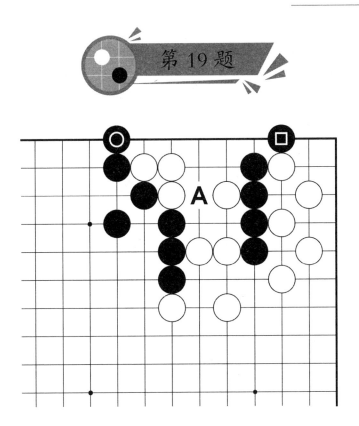

问题图（张力）

黑先，黑⊙子硬腿威力自不待言，而黑▢子使黑棋形有了张力，不可忽略。

A位的缝隙是黑唯一的突破口，如何使之现实化？

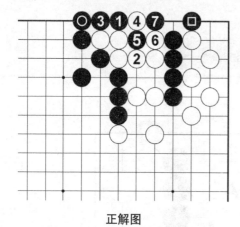

正解图

正解图（针锋相对）

黑1利用硬腿托，为2位挖创造条件，故白2在此处棒接，针锋相对。

黑3、白4交换必然，接着黑5、7连扑成劫，就是靠黑◘子提供的张力。

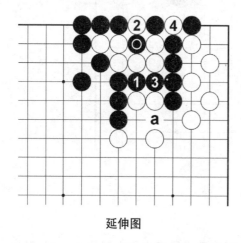

延伸图

延伸图（无心）

当黑打赢这个两手劫，就无心把黑◉子粘回，而是以黑1冲、3连的方式消劫，更有效率。至于被白4提，这个新劫争已经变轻。

白2如在3位接，黑下a位还是可以连回，白整体变重，外围变薄，不会合算。

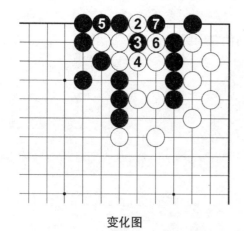

变化图

变化图（回归本位）

回头再看黑托时，白2若外打，也是可行之策。只不过被黑3断打，白4还是得回归本位。

进行到黑7扑，还原成正解图。

第 20 题

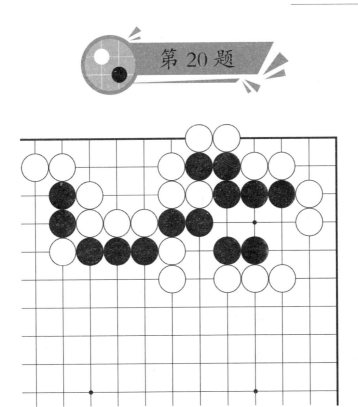

问题图（升级版）

黑先，本型在原著基础上来做了升级，增加变化增强趣味。

黑两边处于风雨飘摇中，只因看到白空里有致命弱点，而重燃希望之火。

导入图

导入图（拖累）

这是原著"追杀之部"第38题，黑1断单刀直入，要求吃右边白△三子接不归，白2拐打反抗，却拖累了左边白回四子被黑追杀。

请思考，白2如何应对为妥？

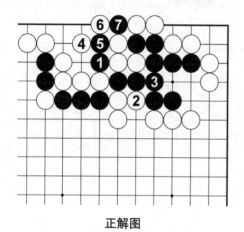

正解图

正解图（柔软）

黑1断不变，白2打的先手便宜不可错过，接着白自然不会重蹈覆辙，于4位尖是柔软的好手。

黑5冲打，白6一路渡，黑7提三子，最终会演变成何种结果呢？

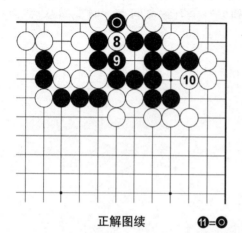

正解图续　　**⑪=◎**

正解图续（大结局）

白8回提，待黑9挡打，白10得空冲破眼。

黑11只能提，迎来打劫活的大结局。

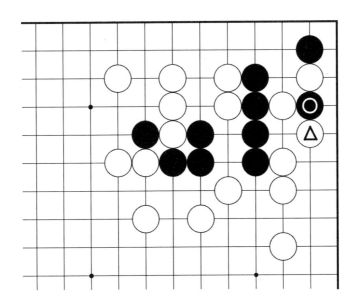

问题图（一线生机）

黑先，黑⊙子挤是诱着，白△子打上当，奉送黑一线生机。

话虽如此，因做眼空间非常狭小，黑谋活非利用角端特殊性不可，否则会前功尽弃。

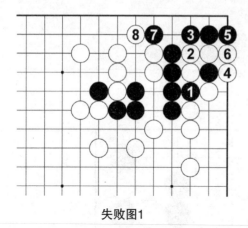

失败图1

失败图1（穷途末路）

黑1打，开始着手制造白形弱点，但忽视了白2团。单凭黑3打、5立的先手，还不足以支撑黑角成活。

以下至白8挡，黑已穷途末路。

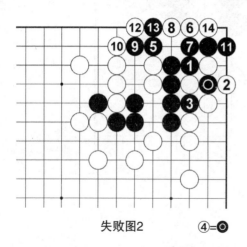

失败图2　　④=◉

失败图2（沉稳、轻浮）

黑1换个方向挤打，不给白选择权，除了2位提别无它法。黑3再打，白已算到最终成劫，于4位粘沉稳，以减轻劫争负担。

白的沉稳触发了黑的轻浮，黑5扳遭致白6点，劫争化为泡影。

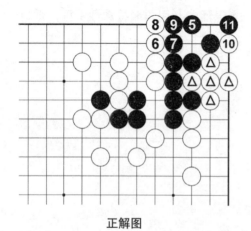

正解图

正解图（蛰伏、华丽）

黑5倒虎，蛰伏一路，只为了黑11这一扑的华丽。

因为牵涉到白△丁五，白6、8如果不马上走掉，劫争启动后就怕走不到，除非愿意让这个两手劫升级为一手劫。

第 22 题

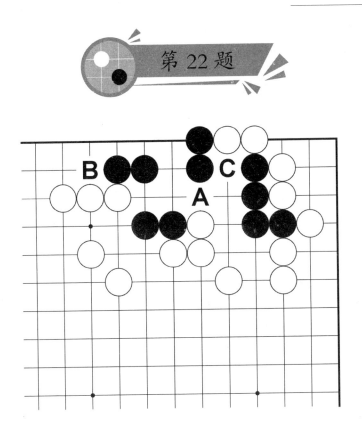

问题图（纠缠）

黑先，黑A顶和白B拐交换，是太极拳的起手式。

紧接着，黑的诉求是争到C位之先手，非纠缠角端白子不可为也。

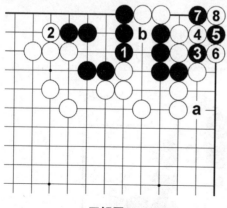

正解图1

正解图1（缠丝功）

　　黑3断，再以5、7连扳，形成一个小圆圈，无论形还是意，都完美演绎了太极缠丝功。白不堪其扰，于8位提子形成劫争。

　　白8如a位补断，则黑b位打成先手，即可净活。

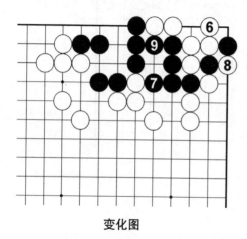

变化图

变化图（自作聪明）

　　白6曲立，执意要化解黑打之先手，却不免沦为自作聪明。

　　黑7挡扩大眼位，欢迎白冲破眼，白8提补，不敢接受好意，黑9做眼而活。

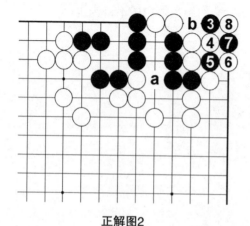

正解图2

正解图2（还原）

　　原著忽略了黑3点的妙招，手法不同，纠缠借劲的思路相同。白4挡竭力避开，黑5扑紧紧跟上，至白8提还原成正解图1。

　　白6若于7位立，黑则下a位挡，基本还原成变化图，白不敢冲破眼，否则黑b位扑吃接不归。

第 23 题

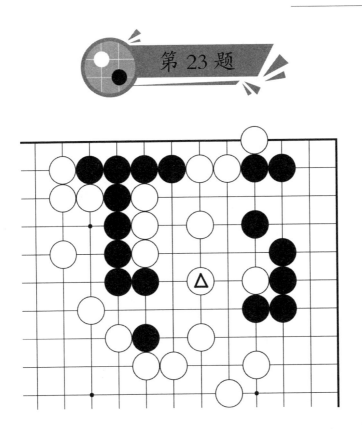

问题图（输攻墨守）

　　黑先，白△子以一己之力联系上下，将黑左边数子困于阵中，黑自然不会坐以待毙。

　　输攻墨守，黑白各施高招，打劫不就是合理的结果吗？

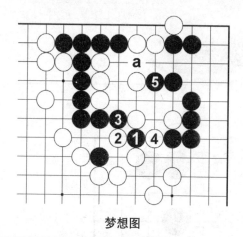

梦想图

梦想图（制造头绪）

黑1挖是制造头绪的好手，白2左边打错误，黑3挤、黑5顶是吴清源解说版的次序，黑割下白边上两子而脱险。

笔者的研究结果是，黑3单下a位挖，目数更有利。

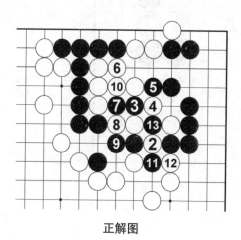

正解图

正解图（连环）

白2从右边虎打，感觉牢靠点，但扛不住黑3连环挖。

白4如右边打，以下黑7长防白做活，至黑13提，双方以劫争定成败。

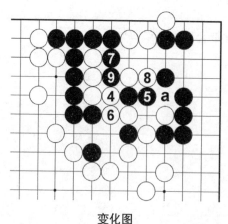

变化图

变化图（徒呼奈何）

白4若变换方向是急中生智，黑5长胸有成竹，到底哪方计算错误呢？

白的计算是以8位双挤脱困，黑9断若无其事。白定睛一看，a位不入子，只能徒呼奈何。

第 24 题

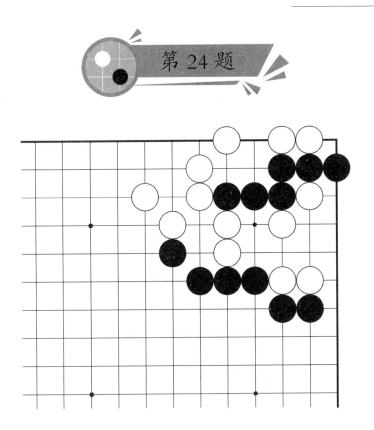

问题图（突出重围）

黑先，角上黑子唯有和边上连通才有生机，别无他法。

白形是凌乱不堪，还是错落有致，就看黑能否突出重围。

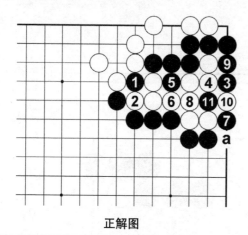

正解图

正解图（丰硕成果）

黑3一路点是妙手，辅之前后的黑1、5扑冲撞紧白气。黑7扳逼白表态，白8如下9位断是噪声，黑下11位即可吃通。

白8粘、10扑劫奏出最强音，黑轻易不肯把a位粘做本身劫材，而是期待劫胜后的丰硕成果。

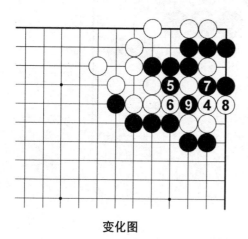

变化图

变化图（轻重）

白4二路曲，企图避劫，但至白8避无可避，还得回到打劫上。

前图劫争负担双方都重，黑把a位粘作本身劫材，还可能遭到白脱先。而本图白劫胜只能提在里面，黑负担轻而白负担重。

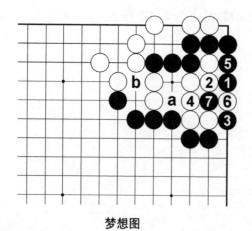

梦想图

梦想图（来不及）

在本题的研究中，笔者产生了黑1单点的错觉，希望保留扑冲的绝对先手，如果白同样是4位粘做出劫争，黑就多了a位冲的本身劫材。

但是，白4可以下5位断，黑再下b位扑已经来不及，白下4位双补，黑反被净杀。

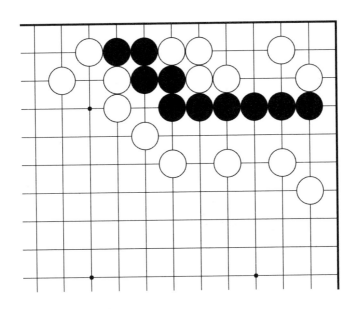

问题图（浴火重生）

黑先，黑大块居然一只眼都没有。

正因如此，反而迫使黑放弃和平共处的幻想，向白角发起猛烈的进攻，期待浴火重生。

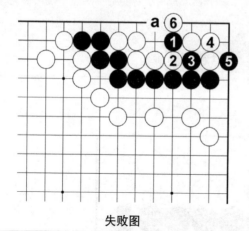

失败图

失败图（扳不倒）

黑1跨貌似手筋，但仅此而已，交换几手后，黑5等于扳不倒，白6不会挡，而是一路抱打一手补干净，黑绝望。

黑5如于6位立，白应于a位尖，还是没棋。

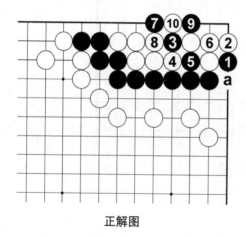

正解图

正解图（集于一身）

黑1一路扳是平凡的好手，集缩小眼位和促白气紧于一身，白2只能挡。黑3、5的次序倒是可以颠倒，白6粘正应。

黑7尖以下成劫，此手切不可于9位扳，白可反尖7位。

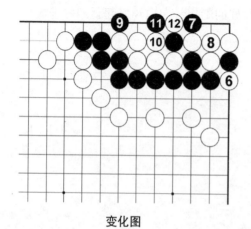

变化图

变化图（本身劫）

白6提本意是想减轻劫争负担，即使劫败，还有机会跑出一半。有了黑7先手打，黑做劫更加顺畅，但这个不是重点。

重点是，前图打劫过程中，白随时可下a位提，这是一枚宝贵的本身劫材，在本图中已消失。

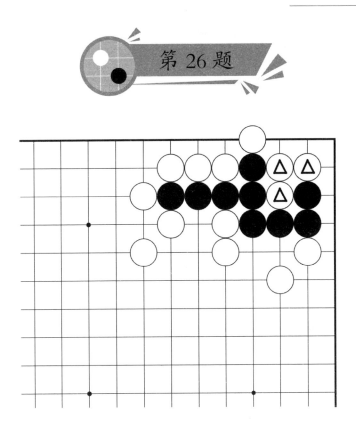

问题图（主角）

　　黑先，本形的主角是白方，白△三子被黑紧紧盯上，全身而退只是奢望。

　　成劫已是必然，减轻负担打轻劫是现实的思路。

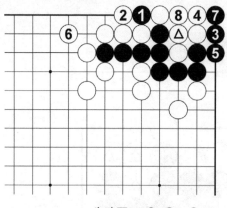

失败图　**9**=**1**　⑩=△

失败图（还以颜色）

黑1扑在远的一端正确，白2提也是正着，黑3扳无视前面的警告，凑白下出4立、8粘的连贯妙手。

以下哪怕黑9一把提掉白七子，白10点还以颜色，黑被净杀。

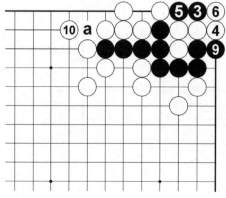

正解图

7=**5**　⑧=**3**　⑪=**5**

正解图（不退反进）

黑3夹一·二位，要点成色浓厚。白4立不退反进，判断和计算兼而有之，若于5位粘还是劫，一旦黑胜白徒留a位断打。

黑5扑至黑11提，都在白的算计中。

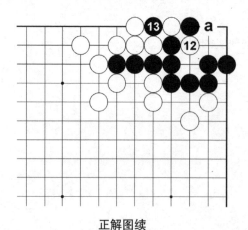

正解图续

正解图续（回马枪）

白12断打，漂亮的一招回马枪，哪怕黑13提，也是白之无忧劫。

白若起贪心于a位打，企图净杀，黑粘后可成双活。

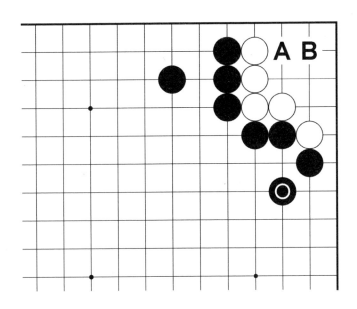

问题图（瑕不掩瑜）

　　黑先，本型在原书"死之部"第57题，净杀结论错误，劫争才是双方最善结果。但瑕不掩瑜，让我们先欣赏原书的精彩招法。

　　先说一个简单变化，黑下A位夹，则白B位反夹可成劫。

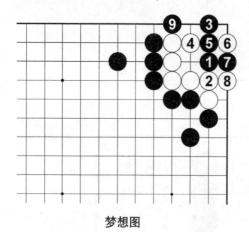

梦想图

梦想图（带到沟里）

黑1点、黑3跳的着法美不胜收，至黑9成眼杀。这个变化见于各种围棋书籍，因为源头错了，大家都被带到沟里去了。

关键在于，白6点的下法抵抗不足，导致被净杀。

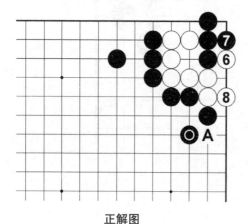

正解图

正解图（藤泽风格）

白6扳是最强抵抗，痛感黑◎子虎的中看不中用，黑7打明智，白8做出缓气劫，已是心满意足。

如果把黑◎子换到A位横并，资深棋友都知道这是藤泽秀行的出题风格，如此白将被净杀。

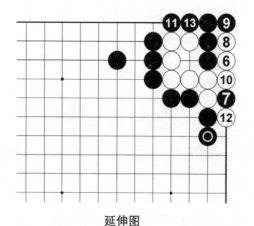

延伸图

延伸图（挑战经典）

关注黑◎子的位置，并重现白6，黑7一路扳，见招拆招。以下至黑13接，黑一溜烟从另外一边渡回，白自然被杀。

本型挑战经典的下法，来源于吴振宇、沙砾两位老师的研究，在此向两位致敬。

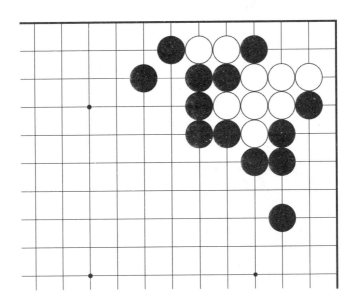

问题图（遗憾）

黑先，因白整体气紧，黑有施展手段的余地。

原著劫杀结论正确，但未开掘出最佳方式，有些遗憾。

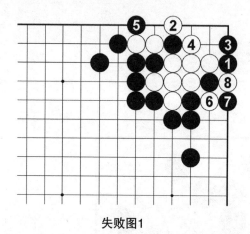

失败图1

失败图1（负担太重）

黑1扳是原著的正解下法，手法不可谓不巧妙，白2一路打是正确的防守，直接下6位断打显然不成立。

至白8提成白先手劫，关键黑劫争负担太重，总为不美。

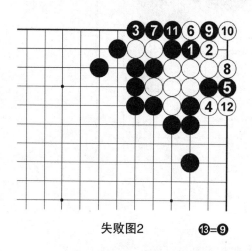

失败图2 　　❸=⑨

失败图2（负担较重）

笔者在研究中，意外发现黑1简单爬，居然白也不能净活。

至黑13提成黑先手劫，左边黑已提两子，只不过右边也被白提两子，劫争负担较重。

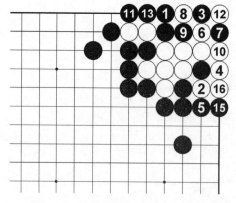

正解图 　　⑭=⑧ 　❶=❸

正解图（全无负担）

熟悉手筋的读者，对黑1立应该不会感到陌生，白2若下9位挡，黑下3位跳即可净杀。

至黑17提成黑先手劫，而且黑两边走到，劫争已全无负担。

阿尔法围棋是如何思考的?

（日）河野临（日）小松英树（日）一力辽 著

苏甦 译

书号：ISBN 978-7-5591-1467-9

定价：58.00元

· 本书选取阿尔法围棋带有强大冲击力的精彩手段，展现具体的应对方法。
· 回答问题的是被誉为最努力棋手的河野临九段和才气逼人的棋手一力辽八段。
· 由小松英树九段作为出题者和其他两位棋手共同研讨和讲解。
· 本书将以往的常规下法进行详细介绍，力图加深对阿尔法围棋的理解。

围棋手筋宝典

（日）石田芳夫 著

马旭赫 译

书号：ISBN 978-7-5591-1468-6

定价：48.00元

· 本书收录了实战中常见的手筋形、手段形等共668图。
· 依据棋子构成形状和主要部分所占路数区分主要棋形。
· 各个棋形配有相应的相似图、参考图或次序图。
· 参照图中配有类似棋形或双方对同一手筋的不同下法，以供参考。

围棋实战名局妙手

（日）鹤山淳志 著

苏甦 译

书号：ISBN 978-7-5591-1781-6

定价：48.00元

· 本书中以序盘和中盘为中心，选取了职业棋手对局中比较精彩的38个片段，简化读者的打谱时间。
· 每道题目都设置了ABC三个选项，对每一个选项的实战变化做了深入分析，附录了问题图之前的对局次序图。

林海峰围棋死活快速提高200题：基础力

（日）林海峰 著
马旭赫 译

出版日期：2022年2月
书　　号：ISBN 978-7-5591-2422-7
定　　价：50.00元

林海峰围棋死活快速提高200题：必杀力

（日）林海峰 著
母东让 胡丹蔚 译

出版日期：2022年2月
书　　号：ISBN 978-7-5591-2421-0
定　　价：50.00元

林海峰围棋死活快速提高200题：逆转力

（日）林海峰 著
苏甦 译

出版日期：2022年2月
书　　号：ISBN 978-7-5591-2420-3
定　　价：50.00元